カルヴァン

カルヴァン

●人と思想

東京告白教会 牧師
渡辺 信夫 著

10

Century Books 清水書院

カルヴァンについて

カルヴァンはもっとも広い読者層をもつキリスト教思想家である。分裂していたキリスト教の各派の間に、こんにち、再一致の方向が原則的には確認されるようになってきているが、この方向をさし示してくれる指導者として、カルヴァンにまさる有力な人はいない。従来、かれに対して非常に冷酷な批判をあびせていたカトリックの陣営の中からも、最近はきわめて好意的な、そしてそれ自体の水準が高いカルヴァン研究がつぎつぎとあらわれて、わたしたちを驚かせたり、喜ばせたりしている。たしかに、カルヴァンは、広範囲の人々の共通の精神的遺産として読まれなければならない。

わたしはまた、キリスト教の信者でない人の間で、カルヴァンへの関心が意外にも高いことにときどき驚かされる。なぜそのような高い関心をもつのか。聞いてみると、社会思想との関係から、カルヴァンを学んでみたく思うようになるケースが多い。近代の資本主義社会がカルヴァンの影響のもとに生まれたという、いまや常識化した解釈には、かなり問題があるけれども、かれの感化の大きさについては、異論の余地もない。少なくとも、近代の民主主義社会はカルヴァンなしでは考えることができないであろう。

かれはキリスト教会の牧師であった。宗教家であった。宗教家というものは、人々に来世への希望をもたせ、現世のことにはなるべく関心を持たないようにと教えるもののように受けとられやすい。事実、そういう宗教家が多いのである。ところが、カルヴァンはそうではなかった。かれの打ち出した宗教生活は、この世からの逃避どころか、かえってこの世に積極的に乗り出して行き、それでいて決して俗化しない、新しいタイプのものであった。いうまでもないが、かれがそこで示したのは、新しい完璧《かんぺき》な理論や観念ではなく、ひとつの真実な生き方である。

そのような生き方は、かれに関心を持つ人たちに、自分自身がいかに生きるべきであるかの問題を考えさせないではおかないと思う。この点で、いま若い人たちがカルヴァンを知ることは、わたしたちが予想するよりもずっと大きい意義をかれらの人生に対して持つのではないだろうか。カルヴァンの生きた一六世紀と、いまわたしたちが生きている二〇世紀との類似を、軽々しくあげつらってはならないが、古い思想体系がくずれて行き、古い社会制度がくずれて行ったあの時代、しかも新しいものが生み出されず、苦悶し、呻《うめ》いていたあの時代を、わたしたちは一八世紀や一九世紀以上に、身近におぼえないではおれない。

カルヴァンから学ぶべきことは多い。ひとりの人間が、社会の中でいかに責任をになって生きるかということについても学びたい。隣人に対してわたしが何であり、わたしに対して隣人が何であるかということについても学びたい。しかも、さらにさかのぼって、このわたしというものが何であるかについて、カルヴァンは考うべき多くのことを示してくれる。そして、ついにわたしたちは、カルヴァンから、神とたましいの問題を聞きとらねばならないであろう。つまり、最も奥深い問題から、最も幅広い問題、世界と世界における行動とについてまで、わたしたちはカルヴァンとともに考え抜かねばならないのである。

カルヴァンはひたすら信仰に徹して生きた人間ではあるが、広く学ぶことをおこたらなかった。いろいろな学問や思想とぶつかり、もまれながら、かれ自身の思想が練り上げられて行き、それをかれは平明な論理をもって表現した。かれの文章は現代人が読んでも時代の古さをあまり感じさせない。それは、かれがフランス人一流の明快さをもって文章を書いたということではない。かれの文章が新しいだけでなく、かれの思想のうちに、古びないあるものがある。わたしはこの書物で、古びないそのものを追及したいと願った。それを読者が読みとってくだされば幸いである。

自分自身のことを語らせていただけるならば、わたしは中学生のころ、カルヴァンの本をはじめて手にした。いまから考えて、ほとんどわかっていなかったのであるが、わたしはカルヴァンにとらえられてしまった。ふと何の考えもなしに書架から抜き出した一冊の本で、わたしの人生の航路がきまったのである。そのころ、わたしは全く迷っていたが、カルヴァンの教えてくれるものが、自分の人生の問題の解決を約束するように思えた。この期待はまちがっていなかった。

やがて、日本の歴史の一番暗い時期にさしかかる。若いわたしたちは思想の自由をうばわれており、国家のために死ぬべく戦場に駆りたてられていた。そういう危機の中で、わたしはカルヴァンによって生きる支えと、死ぬときの支えとを与えられていた。

戦争はみじめな敗北に終わった。わたしは生きて帰って、カルヴァンを読みなおした。それまで、何と幅の狭い学び方をしていたことであろうか。日本の国が正しい道からずんずんそれて行っているのに、そしてカルヴァンにはそのような誤りをただせる原理があるのに、それを読みとっていなかったのである。わたしは戦後の窮迫した生活の中で、カルヴァンを本格的に学びなおし、自分をきたえなおさないでおれなかった。仲間がたくさん死んだ戦争から、生きて帰ってきたわたしにとって、生き残る意味は、カルヴァンを研究することにしかないように思えた。いまもわたしは、カルヴァンを学ぶことをやめない。

かつてのわたしがカルヴァンの名をはじめて知ったその年齢層の人たちが、いまこの書物を手にとることを想像すると、わたしは深い感慨と大いなる緊張をおぼえずにおれない。その人たちは、いまもたいへん暗い時代であることに気づいているであろうか。かつてのとき、暗い時代だということを、わたしたちは心のうちで感じていたが、いまではそれを感じることも少なく、人々は底の抜けたような明るさに酔っているのではないだろうか。このように明るく、暗さが忘れられているゆえに、わたしの憂いはますます深刻である。暗いといわれた時代よりも、もっと暗い時代がはじまったのかもしれない。

ここで安易に、希望を語ることはつつしもう。わたしたちはもっともっと暗さを見つめるべきであろう。ただ、わたしたちはこの書物において、カルヴァンという対象に、いっしょに取り組もうとしているのであるから、かれが考えたようにわたしたちもつきつめて考え、かれが生きたようにわたしたちも徹底的に誠実に、責任をもって生きようではないかということだけは、訴えてよいであろう。

渡辺信夫

目次

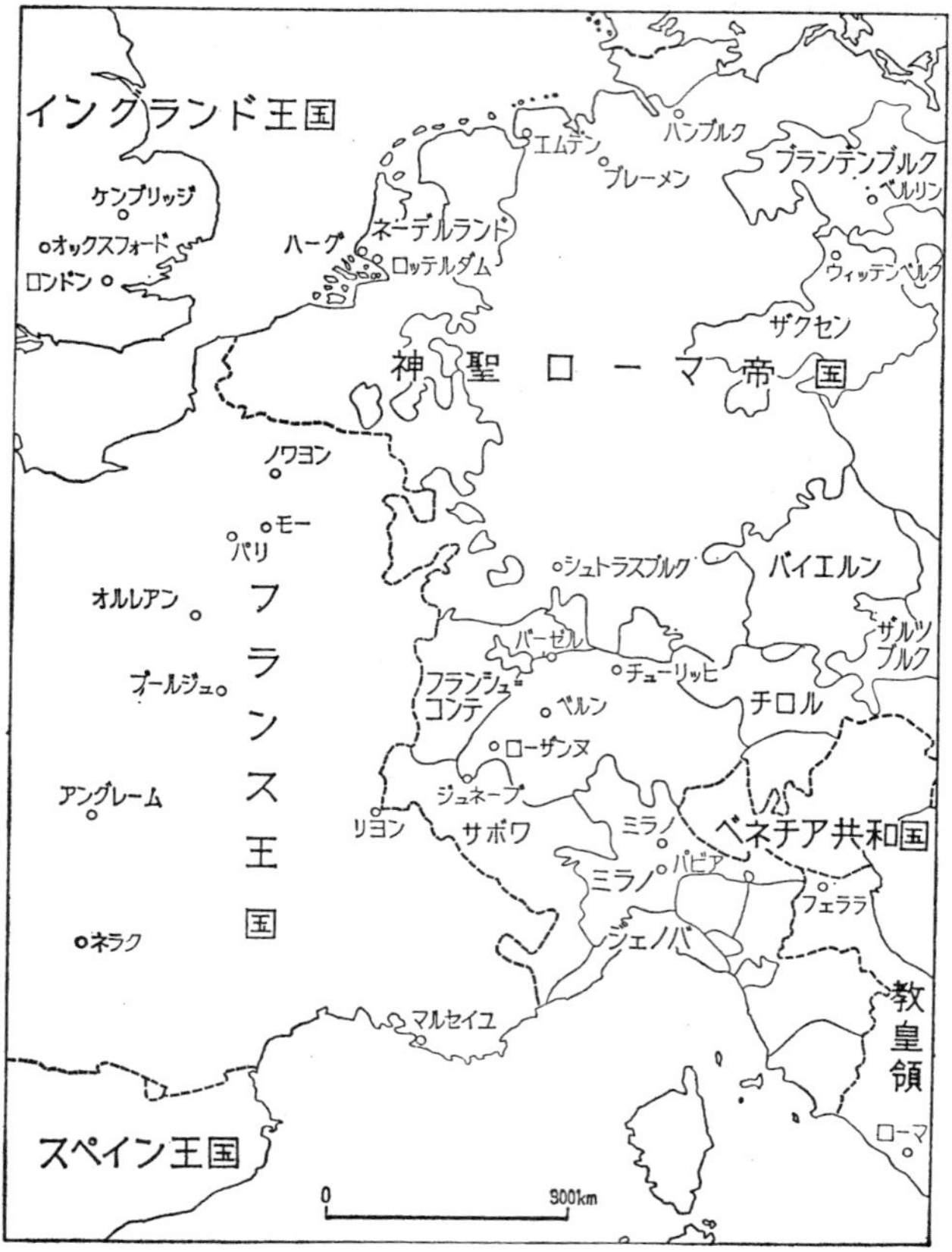

16世紀中ごろのヨーロッパ

I　カルヴァンの生涯

形成の道程

ジャン＝カルヴァンが死んだのは、一五六四年五月二七日。……ジュネーブ全市はあげて悲しんだといわれる。けれども、かれの遺徳をしのぶ人々が、後年その墓を訪れることはほとんどなかった。かれの埋葬の位置も忘れられて行った。共同墓地のどこかで、かれの肉体が土くれとなったことはたしかであるが、墓標がない以上、それは忘れられるほかなかった。そして、墓石を据《す》えないことが、かれの固《かた》く言い残した命令だったのである。

墓標を持たない人生

墓がないということは、かれの存在がその死とともにたちまちに忘れられたということではない。むしろ、その逆であったことを歴史は語っている。かれの精神をうけついだ後継者たちは、ガッチリと協力体制をとっていたし、かれの思想の名声をしたう人たちが全ヨーロッパからジュネーブの学校に学びに来ていた。かれらはしかし、カルヴァンの墓を訪れて、故人の偉大さの回想にふけろうとはせず、カルヴァンの信仰と、思想と、かれの生きた生そのものを身につけて、それぞれの故郷に帰って行った。やがて、それらの地にはカルヴァンの残した宗教改革が根づき、その根に養われてやがて民主主義の花が咲くようになった。それがかれの残したものである。

カルヴァンが墓碑を自らに許さなかったのは、主として、きびしいまでの謙遜《けんそん》によるものであろう。死者の追憶が、しばしば宗教的な感情にまでなること、それが唯一の神に対する崇敬を不純にすることを、カルヴァンは知っていた。またかれは、せめて墓碑だけでも残し、自分の生涯がのちの人々に記憶されるようにしようとあせる人間のはかなさを知っていた。かれは死後にまで、自分の存在を人におぼえさせようとは思わない。生きている間、力一杯働いたものは、死んだあと、もう忘れられてよい。自分が忘れられて、ただ神がみんなから覚えられればよかったのである。

ところが、つつましく地上から消えて行こうとしたかれが、そのつつましさのゆえにこそ、生き生きとした感化を残したのである。今、かれの感化のあとを掘りおこし、かなり忘れられているその名をもう一度あきらかにすることは、必ずしもかれの意志にそうゆえんではない。かれとしては、自分が忘れられて神が覚えられることを訴えてやまないであろう。しかし、そのようなかれを思いおこすことによって、わたしたちは、忘れられがちなもの、往々にして忘れられてしまっているもの、人生の「目的」や「意義」――そしてその目的と意義とを与えるものに心を向けることができるのではあるまいか。

カルヴァンの生涯と思想を学ぶことの意味はそこにある。

死の舞踏の時代

ジャン＝カルヴァンが生まれたのは一五〇九年七月一〇日である。

時代ははげしく動いていた。今わたしたちは、年表を開いて、それが中世のまさに終わろうとしていた時期だったことを知るであろう。もちろん、そのような時代区分は後世の歴史家が設けたものである。当時の人は、ひとつの時代が終わって、新しい時代が明けそめているとは気づいていない。むしろ、人々は時代の行き詰まりを重苦しく感じていた。

この時代を考えるとき、華麗なルネッサンスを思い浮かべる人は多いと思う。ルネッサンスを代表しているかずかずの芸術作品は、きわめて楽天的な人生観をあらわしていると見てよいであろう。そして、そこにあらわされているものが時代の精神であると考えられるであろう。ところが、いま少しくわしく立ち入って見るならば、それらの芸術において表わされているものが、ごく一部の人たちの精神であったにすぎないことがわかってくる。繁栄の一途をたどる商人たちがいた。かれらは前途に明るい見通しをもっていた。同じように富裕な権力者たちがいた。そして、これらの豊かな人たちの好みにあわせた、明るくて派手《はで》な美術が生み出された。それが当時の芸術を代表するものとされている。しかし、民衆はどうだったのであろうか。

民衆の生活は苦しかった。ペストや、飢饉《ききん》や、戦争が起こるとき、民衆はそれを防ぐ手段を知らない。それらのわざわいによって打撃を受けるのは、いつも民衆であった。しかも、この時代、急激な社会変動にともなう物価高がかれらの生活を圧迫していた。この時代の前後に、農民たちや、下級の騎士たち、また新しく起こった階級である労働者たちが、生活の苦しさに耐えかねて、各地で一揆《き》を起こしていたことをわたしたちは忘れてはならない。かれらの間から生み出された芸術も、イタリアのルネッサンスのそれとくらべて、ずっと暗いのである。ひとつの例として、この時代に無名の民衆芸術家たちによって好んでとりあげられた「死の舞踏」という画題がある。かれらは死のおびやかしのもとにいることを自覚していた。それが民衆の意識であった。そして、少数の富める人たちでなく、多数の生活苦にあえぐ人たちに目を向けることが、時代を正しくとらえるゆえんであるのはいうまでもない。それは現代においても同じである。

そのように、民衆は有力者たちとちがって、決して楽天的になれなかったのであるが、それとともに、重苦しい空気の中で、神に救いを求める熱心を失わなかった。この点でも、わたしたちはイタリアのルネッサンスの美術が表わしているのと別のものがあったことに気づかなければならない。そこでは人間がおおらかに肯定され、賛美されていた。それだけ、神はしりぞけられ、低められた。キリスト教の神は、ギリシア神話の神々と同列に引きおろされることによって、ようやく美術作品の中に位置を保っている。だが、それが時代の精神なのではなかった。民衆の間にはもっとべつな宗教心があった。かれらは神を引きおろさない。むしろ、神を徹底して高くあがめようとする。神は人間の思いや人間の表現をはるかに越えて高くある。その神に、人々は自己放棄をして献身する。そうせずにおれない不安がかれらにあった。

一部で宗教への無関心がはじまり出したが、大部分の人たちはかえって宗教に熱心になっていたのがこの時代である。ただ、かれらの熱心にもかかわらず、宗教——すなわち、カトリック教会——は人々に慰めを与える力を失っていた。

カルヴァンの生家（戦争で一度破壊されたが，再建されて，カルヴァン博物館として用いられている。もとは左半分だけであった）

幼時をすごした町

北フランスのノワヨン町は古くからこのピカルディー地方の中心地であった。それを象徴するのが、二つの塔をそびえさせている司教座聖堂である。この聖堂にいる司教が、この地方の教会にいる司祭たちを支配していた。ジャン＝カルヴァンの父ジェラールはノワヨンに法律事務所を持ち、司教の法律事務を手伝い、上流とはいえぬまでも、町では有力者のひとりであった。

一言ことわっておかねばならないが、父はジェラール＝コーヴァンと名乗った。したがって、その次男はジャン＝カルヴァンではなく、ジャン＝コーヴァンである。少年時代にはたしかにそう呼んでいた。しかし、ジャンが大学生の仲間入りをするとき、当時の学者のしきたりに従って、自分の名前をラテン語風になおした。例を同時代人の中にもとめるならば、宗教改革の理論的代表者のひとりとしてカルヴァンとの交渉も深かったメランヒトンは、もとのドイツ名をシュヴァルツエルトといった。「黒い土地」という意味である。かれはこれをギリシア語風にもじって、メラン（黒）クトノス（土地）とした。ドイツ流に発音すればメランヒトンになる。わがジャン＝コーヴァンも、ヨハンネス＝カルヴィーヌスと書くようにした。それをフランス風に読めば、ジャン＝カルヴァンである。英語国民はこれをジョン＝カルヴィンと読み、ドイツ語ではヨハンネス（あるいはヨハン）＝カルヴィーンと読んでいる。

ジェラール＝コーヴァンは田舎の貧しい家から身を起こし、刻苦勉励してしだいに地位を築いた。かれは息子たちには自分の達せられなかったところまで行かせることを願って、大学に学ばせようとしていた。だが、かれの資力で息子を大学に入れることはできない。幸い、教会は将来教会に仕えるものの教育のために学資を出してくれる。これを教職禄という。ジェラールは教会での発言力をもっていたし、息子たちも出来がよかったし、信心深い妻は息子を教会に捧げることを望んでいたので、三人の息子がつぎつぎと学資を受けてパリの大学に学んだ。まず長男のシャルルがパリに学び、ノワヨンに助祭として帰り、のちルーピというところの主任司祭に転じ、宗教改革的傾向のために異端として断罪され、一五三七年に死んだ。次のジャンがパリに遊学するために故郷を離れたのは、一五二三年八月のことである。

母はジャンヌといって、若くて死んだ。美しい、信心深い婦人であったと伝えられている。母はおさないジャンを連れて、この地方の教会や修道院をまわることがよくあったらしい。それが後年のカルヴァンの思想にどのように影響したかはわからないが、少なからぬ感化があったことは認めねばならない。

学問の都で

一四歳のカルヴァンはパリに行く。故郷ではもう学ぶことはない。同じノワヨンの初級学級で勉強した年長の友人たちもいっしょであった。

パリの大学はすでに久しく最高の学問の府としての誉れをもっていたが、大学《ユニヴェルシテ》（ユニヴァシティー）はたくさんの学寮《コレージュ》（カレッジ）の集合体である。学寮に学生たちは起居するが、教授もそこで教える。かれがはじめに入学したのは、当時、ラテン語学者・教育者として有名だったマチュラン＝コルディエ（一四七九〜一五六四）の指導するラ＝マルシュの学寮である。

次の年、はやくもかれはモンテーギュの学寮に転じている。その理由はわからない。マチュラン＝コルディエの進歩的教育を喜ばなかった人たちが、無理やりにカルヴァンを転校させたのではないかともいわれる。今度の学寮は前とは打ってかわった最も保守反動的な校風をもっていた。

それでも、カルヴァンと旧師マチュラン＝コルディエの親しい交わりはずっと続いた。三〇年後にカルヴァンはかつてラテン語の教えを受けたコルディエに「テサロニケ人への第一の手紙注解」を献呈し、心のこもった感謝のことばを書いている。コルディエも弟子のカルヴァンを愛し、カルヴァンが牧師をしているジュネーブの教会に移るようになる。

モンテーギュ学寮が保守反動的な性格を持ったのは、カトリック教会の要請によるものである。すでに、一五一七年以来、ドイツでは宗教改革の火の手があがっていた。フランスにもその波はおしよせてくる。宗教改革を始めねばならぬ必然性はフランスの宗教事情においても同じなのである。教会は一方においてはきびしい弾圧をもって改革の気運をくじくとともに、一方、宗教改革を論駁《ろんばく》する理論闘争の担《にな》い手を養成した。フランスにおける反動の急先鋒ノエル＝ベディエ（〜一五三七）がこの学寮の長になった。かれが学寮長をやめたのちも、この学寮はその性格を強く持ち、学生たちに古風な中世哲学と神学を叩き込んだ。教育の方法はずっとおくれ、詰め込み主義であった。

教会当局が躍起《やっき》になって食いとめようとしていた宗教改革はどうして起こったのか。

マルチン＝ルターの宗教改革

これはマルチン＝ルター（一四八三〜一五四六）がヴィッテンベルクで九五箇条の提題をかかげたことに端を発するといわれる。ルター自身は、ことがこのように大きく発展するとは思わなかった。かれはただ、当時の学者のしきたりにならって討論の主題をかかげて、これに応じる人を募ったのである。その主題は「免償《めんしょう》」に関するものであった。――「免償」をめぐって多くの誤解が行なわれている。それは、これを行なっていたカトリック教会への誤解であり、これに反対したルターへの誤解でもある。ふつう、よく「免罪符」と不正確に訳される。なるほど、当時、そのような証文が売り出された。これを買えば、犯した罪はゆるされると宣伝された。すでに死んだ人たちのためにも、これを買うことは有効である、と教会は説いた。その愚劣さを人は容易に指摘することができる。カトリック教会自身も、反省して、罪のゆるしを金で買えるようなことは教えなくなった。

ルターが反対したのは、単に罪のゆるしが金で買えるというようなことではない。かれはもっと根本的なことを問題にした。カトリック教会の教えでは、人間が生まれながらに負っている原罪は、洗礼を通じてキリストによってゆるされるが、一旦ゆるされたのちも日々犯す罪は、自ら償《つぐな》って行かねばならない。しかし、自ら償うことができない無力なものもいる。そのもののために、教会は免償をして、償いのわざの重荷を軽

マルチン＝ルター

くしてやらねばならない。なぜ教会にそれができるかといえば、教会にはキリストおよび多くの功徳《くどく》を積んだ諸聖人の余分の功績が蓄《たくわ》えられているからである。

ルターが反対したのは、罪のそのように浅いとらえ方である。人間の罪はもっと深刻である。それは免償のような安易な方法によって解決するものではない。人はみな、一生涯、悔改《くいあらた》めをし続けなければならない。ただそのようなきびしくも深刻な生き方だけが、人を立たせるのである。形式や儀式をそなえただけの宗教には、そのような力がない、ということをルターは主張した。

ルターの言わんとしたことが正しく受けとられたかどうかは非常に疑問であるが、爆発的な支持がおこった。支持者の中には、単にドイツの民族主義の立場から、ローマへの反感をもつにすぎない人や、教会の教職者の知性の低さを批判するにすぎない教養人もいた。だが、それだけではない。ルターの叫びは民衆のたましいに触れるあるものを持っていた。ルター自身が自己の救いのために苦しんで、苦しみぬいたあげくとらえた真理は、同じく救いの問題に真剣になりつつ、自ら真理を発見することができず、教会のありきたりの教えに満足することもできなかった人々に共鳴者を見いだした。

共鳴者はフランスにもいた。宗教の事情はドイツのそれと同じだったからである。ただ、フランスではいろいろな原因が重なって、宗教改革はドイツよりもかなり立ちおくれていた。

モンテーギュの学寮

　カルヴァンは反動的な精神を叩きこまれても疑問を感じなかったのであろうか。まだ年若いかれにとっては、課せられる勉強を果たして行くのがせい一杯であったであろう。といっても、知恵にすぐれたかれは学業を苦にしたわけではない。人間的に成熟していないため、教会の問題を意識したり、隣国で起こっている宗教改革に関心を持つには早すぎた。かれはおとなしく勉強する優等生であり、一五二八年には文学士の称号を得て卒業する。

　この学寮に、ほぼ同じころ、ふたりの特異な人物が学んでいたことにカルヴァンは気づいたであろうか。ひとりはずっと年長者であるイグナティウス＝デ＝ロヨラ（一四九一〜一五五六）。すでにこのころ神秘的経験を積んでおり、やがて宗教改革に対する反撃のためにジェスイット会（イエズス会）を組織しようとして学んでいる旧軍人である。将来このふたりは鉄の意志をもった闘士どうしとして真向《まっこう》から対立する。イグナティウスはモンテーギュで叩きこまれた型に全くはまりこもうとし、カルヴァンはここで教えられたことを踏み越えて自己の信仰と思想とを形成した。

　もうひとりも、やはり年長者であるが、フランソワ＝ラブレー（一四八四〜一五五三）という。「ガルガンチュアとパンタグリュエル」の書によって有名な文化人である。かれもある意味で時代の先覚者であった。というのは、かれは宗教的無関心の思想の先鞭《せんべん》をつけたからである。すなわち、当時、人間への関心を強くもつヒューマニストが何人もいたのであるが、それらの人々はヒューマニズムとキリスト教との調和を考えていた。それとくらべるならば、ラブレーの思想はずっと進んでいる。かれは人間を強くおし立てることによって、神や宗教というものを無視する行き方をとった。これもまたカルヴァンと対立する道である。カルヴァンの思想と全く相容れない。がしかし、カルヴァンは神や宗教を強くおし立てることによって、人間を破壊したかどうか。それは、追ってあとで見ることにしよう。

オルレアンでの出会い

パリの学生生活をおえたカルヴァンは、地方大学に移る。今度のオルレアン大学を選んだのは、法学の教授陣がしっかりしていたからである。かれは法律を学ぼうとしていた。それは父親の強い要請によるものらしい。父ジェラールはそのころ、ノワヨンの司教とすっかり不和になっていた。父はジャンがこれ以上哲学や神学を学ぶのを好まなかった。

オルレアンでは法学を学ぶかたわら、古典文学の勉強もし、パリ時代に交友関係から刺激を受けてはじめていた聖書の研究に、もう一歩身を入れるようになる。幸い、ここにはすぐれた法学とギリシア語の教師であるドイツ人メルヒオル＝ヴォルマール（一四九六～一五六一）がいた。この教師との出会いも、カルヴァンの生涯に決定的な意味を持つものであった。かれはヴォルマールの指導をうけて、新約聖書をギリシア語原典で研究する。聖書研究の位置はかれの生活の中でしだいに重きを置かれるようになった。

キリスト教会では、もちろんいつの時代にも聖書を重んじ、聖書の研究をしていた。しかし、かれの前約千年間、学問的な研究らしい研究はほとんどなかった。それを今のわたしたちはいちがいにしりぞけることはできない。そこにはときとして、すばらしい読みの深さが現われるが、少なくともそれは学問的な方法をそなえていない。ある場合には、その読み方は、聖書の語ることをすべて比喩《ひゆ》としてとる。それは原著者の言おうとしたことに全くおかまいなしに思いついた注解者の主観的着想である。ある場合には、聖書のことばは神学上の条項を支持するための道具にすぎない。

ブールジュ（当時の木版画）

中世の末期に、聖書研究の方法についての新しい自覚が生じてきた。それは、聖書のことばが書かれたとき、原著者が本来言おうとしたことが何であるかを、これまでの研究態度では明らかにできなかったとの反省である。これまでのような「読み込み」でなく、本文からの「読み取り」をしなければならない。そのためには、本文に忠実に密着して、その箇所が書かれたときの状況や、文脈の全体を十分にらみあわせた上で、その意味を読みとって行かなければならない。と考えられるようになってきたのである。このために必要なのは、聖書を原語で読む学力である。そのころ、一般に読まれていたラテン語訳では、原文の正確な意味はとらえにくい。キリスト教の学者のうち、探究心のある人たちは、原語――すなわち新約聖書ではギリシア語、旧約聖書の場合はヘブル語――で聖書を読む努力をしていた。ヴォルマールもそのひとりである。

カルヴァンが聖書を原語で勉強するようになった一原因として、従兄のオリヴェタン（～一五三八）からの刺激が大きかったに違いない。オリヴェタンも新しい学問を学ぶ学者で、聖書を原文からはじめてフランス語に訳した人である。

新しい学問と新しい信仰

ヴォルマールから学ぶ学問は全く新しかった。モンテーギュ学寮で叩きこまれた、典型的に古い学問とは、何もかもが違う。これはずっと学問的だし、道理に合っている。しかも、このようにして聖書を学んで行くとき、キリスト教の古い学問をむりやりに学ばせられたときより、はるかによく心が燃える。聖書そのものを学ぶ喜びが胸に湧《わ》いてひろがる。カルヴァンがこれまで、家庭と学校の感化のもとに、自覚なしに受けいれてきた宗教の問題が、はじめて自分自身の問題として迫って来たのである。

宗教改革は人々に聖書を読ませた。これまで「教会の教えだ」といって、民衆におしつけていたものの権威は失墜《しっつい》した。民衆にとっては、かれら自身が「これこそ聖書の教えだ」となっとくできるものだけが力を持つにいたった。かれらは宗教改革の指導者によって原理をおしつけられて、それを奉じたのではない。かれらの聖書を手にして、自分の目でそれを読み、自分の心に聖書のことばの与える感銘を経験していた。その経験は、指導者自身がまず持ったものである。カルヴァンもそのひとりであった。

ギリシア語聖書研究の手引きとともに、ヴォルマールがカルヴァンに対して果たしたものは、ドイツにおいてなされている宗教改革の紹介であった。カルヴァンはもと、ルターの宗教改革に関心を払っていなかった。かれには古典についての学問を本格的にすることが志であり、古典としての聖書を最も本格的に研究しようとした。ところが、聖書研究に取り組んでみて、この書物がたんなる古典でないということがわかった。ただ知的に読んで研究するものでなく、たましいの最も深いところで読まなければならぬ書物である。この書物はカルヴァンに向けて、あるメッセージを語っている。そして、そのメッセージを自分よりも先に読みとっている人がいる、それがマルチン＝ルターだということを、カルヴァンはまもなく知るようになる。

ヴォルマール　（ド＝ベーズ著『宗教改革者群像』より）

地理的にも年齢的にも開きがありすぎて、ルターとカルヴァンとの間には直接的な交渉はほとんどなかった。また、両人の後継者たちの間にはかなりの溝《みぞ》があった。けれども、このふたりの改革者どうしは互いに認めあっていた。カルヴァンにはやがて、神を徹底的に恐れ敬《うやま》い、神以外のものには度をすごした尊敬を捧げない、という姿勢が確立するのであるが、そののちも、ルターに対しては許される限りの最高の尊敬をおいている。

そのようにカルヴァンはルターを知るにいたったのであるが、まだしばらくの間は、これに全面的な共感をすることはなかった。

社会を見る目と社会を改革する手

オルレアンにきた次の年、一五二九年、カルヴァンはブールジュ大学へ移って、やはり法学を主に学んだ。ヴォルマールもその大学の教授になって、ふたりの関係はいっそう深まった。法学以外に、古典文学と聖書の研究が続けられていた。

当時、法学も新しい学問であった。中世ではこの学問は全く育たなかった。というのは、市民社会を規制する法の上に「教会法」があるとされ、教会法学者は教会会議の決議や、歴代のローマ教皇の教勅をまとめあげる仕事をするだけであり、法については神学者や哲学者が触れれば、それでかたづくとされていたからである。

カルヴァンが若いときに法学を学んだことは、かれの思想を形成する上に少なからぬ意義を持つと考えられる。ということは、かれが規則一点ばりで社会や教会を統制しようとしたということではない。カルヴァンが法律的だという誤解が一部にはなお行なわれているが、それは事実について検討すれば解消するであろう。カルヴァンが法についての高い見識を養っていたことは、やがてかれの社会思想において花を咲かせるのである。宗教改革の指導者たちは、みなすぐれた学者であったし、何よりも深い宗教体験の持主であった。その内面的な思想は、人々のたましいに食いこんでやまない。だが、内面的な深さは、必ずしも社会全般への広くて的確な視野として展開しなかった。たとえば、マルチン＝ルターは、貧しさにいためつけられた農民たちが、今日から見てもっともだと思われる程度の要求をかかげたとき、かれらの社会的要求を是認することができなかった。ルター自身の中には、キリスト教の真理についての深い把握があったが、社会を見る目はほとんど開かれていない。では、宗教的に深い思想を持つということは、社会的な意識を持たないということになるのか。たしかに、多くの実例は、宗教的な思想と社会的な意識との両立しがたいことを物語っている。けれども、それが実例のすべてではあるまい。宗教的な深みと、社会的な意識、社会を進歩させて行こうとする態度とが結びついているタイプもある。そのタイプの先駆者として、わがカルヴァンがいるのである。

カルヴァンが法学を学んだものとして、そこで学びとったものを最高度に生かしたのは、その「国家論」また「教会と国家の関係についての理論」である。このことは、あとで「キリスト教綱要」第四篇第二〇章について考えるときに取りあげたい。また、かれが実さいに社会をどのように改革しようとしたかは、ジュネーブにおける活動のところで触れよう。

父の死

父ジェラールは一五三一年に死んだ。さきに触れたように、死の前に、父はノワヨンの司教とすっかり仲たがいをしており、教会から破門を宣告され、ついにその破門は解けなかった。その理由も経過もくわしくはわからない。確実に想像できることは、この事件が若いカルヴァンに与えた打撃は深刻であったということである。ジェラールの方が絶対に正しく、司教の側が絶対に悪かったわけではあるまい。けれども、ひとりの老人が教会から呪われたまま死んで行こうとするとき、真実に人々のたましいのことを思うならば、教会は何かをなし得たはずである。が、教会はジェラールに何もしなかった。

カルヴァンの心は傷つけられた。かれもすでに、一応教会の中の人である。教会から禄をもらって学問をし、他日、司祭となってつとめることに予定されているのだから。したがって、このことはかれに教会の矛盾をおぼえさせずにおかなかった。そのような矛盾は、すでにかれに感じられていたと思われる。カトリック教会の内部でどんな不徳義や無知が横行しているかを、かれはよく書物の中で暴露《ばくろ》したが、教会の内部の人間であるだけに、表面をとりつくろった内面のみにくさは、よくわかっていたのである。

しかし、同時に考えなければならないことは、かれがそれでも、憤激して司教や教会当局と対立することをしなかった事情である。かれはあと二年ほどは、教会の給費を受け続ける。それは、意地きたなく、もらうものをもらっていたということではない。時が来ると、かれはキッパリと教職禄を辞退した。また、二九年から二年間、弟のアントワーヌが教会から学資を受けられるように、自分の分は遠慮していたほどなのである。カルヴァンが教会に反逆しなかったのは、ひとつには生来かれが内気だったからであろうし、反逆するだけの情熱を感じなかったためであろう。むしろかれは、宗教問題への無関心に一段と傾くのである。宗教の問題から一歩しりぞいて、かれは古典文学の研究へと逃避する。

一五三一年から三三年まで、かれの学問研究は古典文学に集中する。それはすでに数年前にはじまっていたのだが、法学の勉強のため、これに専心することはできなかった。それに、おそらく父があまり賛成しなかったのであろう。今や、法学の学びは終了し、父も死んだので、全部の力を古典研究に注ぐことができるようになった。そのころパリにできた王立教授団の指導のもとに、カルヴァンはパリでの勉学を再開する。かれは古典文学についての著作をして、教授の地位を得たい、と考えていた。

ところで、なぜカルヴァンは古典文学に興味をいだいたのであろうか。それは、当時が古典文学の再発見の時代だったからである。ヨーロッパ人はそのころ、かれらのかつて知らなかった大陸や島々を発見しつつあった。また、自然科学を通じて、自然の法則を発見しつつあった。それらの諸発見と関係をもち、最も大きい意味をもつのは、おそらく「人間性」の再発見であろう。今日においては、「人間性」を原理として生きることは、ごく当然のことと考えられるかもしれない。だが、当時まではそうではない。人間性の上にさらに原理があり、それを握っているのが宗教であった。「人間であること」、「人間らしく生きること」を宗教の問題と切り離して考えることはできないとされていたのである。そのような状況がそのころ変わりはじめた。「人間であること」、「人間性」が、それ自体で存立する原理であると考える人たちが現われはじめた。これをヒューマニストと呼んでよい。しかし、当時のヒューマニストは、たんに人間らしさを尊ぶだけ

ビュデ（ド＝ベーズ著『宗教改革者群像』より）

ではなく、古典文学の教養を深めることによってこそ人間性が確立すると考えていた。

フランスのヒューマニズム

フランスではヒューマニズムが花を咲かせていた。それはフランスの大衆とくらべるならば、ごく少数の人人によって支持されていたにすぎない。おもな支持者は王室であり、王自身も教養人であった。それでも、当時フランスはヒューマニズムにおいて全ヨーロッパにぬきんでており、フランスのヒューマニズムの性格もはっきりしつつあった。

「人間性」への目ざめは前の一五世紀にイタリアを中心としてはじまった。このイタリア-ルネッサンスにおいて、文学や古典研究も盛んになりはじめたのであるが、なんといってもそれを代表するのは美術であった。それに比して、フランス-ルネッサンスを代表するものは古典研究である。これは美術作品よりずっと地味で目だたないから、見すごしにされがちである。けれども、思想や精神の歴史においては、イタリアのそれよりも重要な意義を占めている。

また、初期のルネッサンスの人々は、往々にして自由・奔放で、軽薄であり、キリスト教の精神とは対立の姿勢をとりがちであったが、次の世紀、中心がフランスに移るころになると、すっかり落ち着きを取り戻し、思想的な深みをまし、キリスト教の精神との調和を考えるものになった。この古典研究家たちが聖書研究や、古代キリスト教の著作家（一般に教父とよばれる）の研究にもたらした貢献は実に大きい。

キリスト教の大本である聖書や教父についての学識があるだけに、これらの知識人にとって、当時の教会の聖職者の無学や不品行は我慢のならぬものであったし、教会の説く教えについても批判せずにおれなかった。かれらは、教会が形式化し、儀式を迷信的にありがたがっているのを訂正し、聖書の純粋な説きあかしによって民衆を教化しなければならないと考えていた。したがって、かれらの考えは、ドイツで宗教改革を進めていたルターの考えにかなり近かったのである。

ところが、かれらはマルチン＝ルターに同調しようとはしない。ルターたちの行き方はかれらには過激に思えた。それは人間らしい行き方を破壊するように受けとられた。かれらはもっと穏健《おんけん》な道をとろうとしたのである。

フランスには宗教改革の熱烈な賛同者もいた。それは下層の労働者である。かれらは物価高に苦しめられていた。たまらなくなって暴動を起こしたこともあるが、その実力行使にはいつも経済的要求とともに宗教的要求がかかげられた。ドイツにおける農民戦争と事情が共通である。さて、このような下層民の宗教改革の要求を、上流の教養あるヒューマニストたちはさげすんで見ていた。改革の要求をかかげることは一面もっともであるが、改革とその要求はもっとおだやかでなければならない。――結局、革新と反動との間に立っ

ルフェーブル＝デタープル

て、教養人たちの演じた役割は反動陣営の強化にすぎない。第三の道は夢だったのである。

ひとつの例として、モーという（パリの東北四〇キロにある）町における宗教改革の失敗がある。この町の司教ギヨーム＝ブリソンネは、カトリック教会の聖職者の中では学識に秀《ひい》で、考え方も進歩的であった。かれは自分が主導権をとることができるこの司教区の中で、理想的な改革をしようと志した。その志を助けようと、一五二一年以来、多くの学者たちがこの地に居を移した。その代表的人物はジャック＝ルフェーヴル＝デタープル（一四五五〜一五三六）という聖書学者である。この学者たちの助力によって、司教区内の各教会では聖書にもとづいた説教がされるようになった。ところが、一五二三年にはこの新しい試みが教会の上位のものから警戒されるようになり、ブリソンネ自身の地位も危うくなったため、穏健な改革はたちまち崩壊し、この地に集まった学者たちも四散してしまった。そして、民衆は、いわば火をつけられてほうり出された。かれらははげしい弾圧の対象になった。かれらを宗教改革へと導いた学者たちは、そのとき無責任に目をつぶっていた。

哲学と文学

カルヴァンはパリでセネカ（B・C・四〜A・D・六五）の「寛容論」の注解を書きはじめた。セネカはキケロ（B・C・一〇六〜四三）とともに、カルヴァンの最も愛読したローマの哲学者である。カルヴァンの著作を調べてみると、聖書やキリスト教の古代の教父のもののほかでは、キケロやセネカからの引用が最も多い。もっとも、カルヴァンはこれらの哲学者をそれほどは尊敬していない。かれの最も重視した哲学者はプラトンである。

キケロやセネカが哲学者としてはたしかに一流でないことをカルヴァンも認めている。だが、思索という点では深くないけれども、かれらは実践家なのである。そして、カルヴァンの当時、フランスでは、実践的な哲学としてのストア哲学の研究が復興しており、一般に関心は高まりつつあった。それでも、セネカに対する人々の評価はかなり低く、カルヴァンはこの「注解」の中で、セネカが軽視されすぎていることについて弁じている。

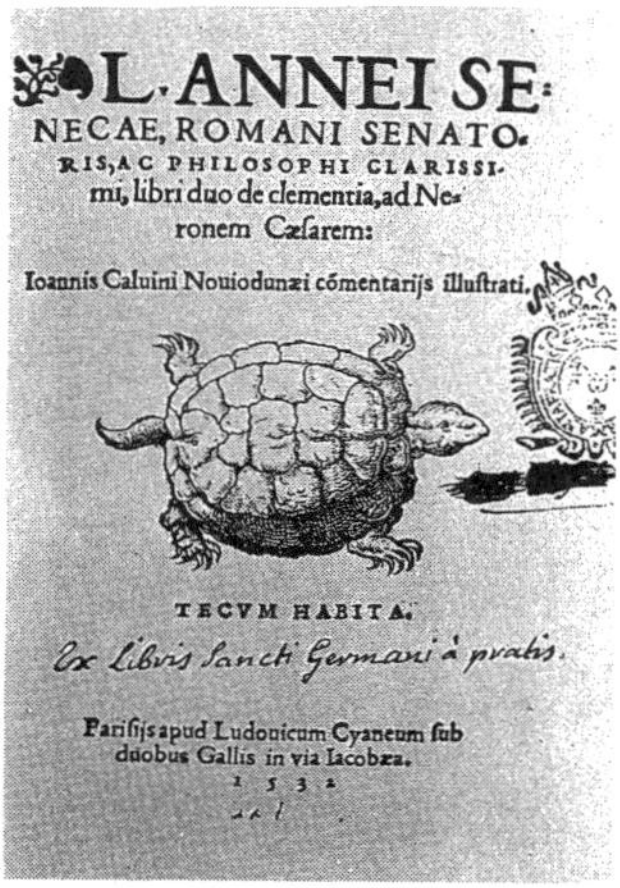

『寛容論注解』の扉

ところで、セネカの「寛容論」は、支配者たるものは寛容・慈悲を心がけねばならない、という趣旨で書かれている。この哲学者は皇帝ネロの教師であったが、おそらく、若き日のネロにこれを講じたのであろう。カルヴァンはその主張に共鳴したわけである。

「セネカの『寛容論』注解」は一五三三年に出版された。カルヴァンのそれまでの勉学のほとんど総決算といってよいであろう。古代のギリシア・ラテン、それに教会の著作家八〇名あまりの書からの引用があり、注解者の力量がなみなみならぬことを示した。けれども、この本はカルヴァンの願いに反してあまり注目されず、さっぱり売れなかった。地味な注解書だったからである。けれども、かれの実力はおいおいに認められていった。

かれとしては、この処女出版を踏み台として、学問上の地位をもっともっと築きあげていきたかった。ところが、総決算はすでについていた。かれの進むべき道は別のところにあった。その転機は次の年に来た。カルヴァンがキリスト教の思想家として立つ以前に、ストア哲学の研究家、古典文学の研究家、ヒューマニストであったことは、たいへん興味深い。ストア哲学というものは、がんらい常識的なところを持っている。それだけに、人をうなずかせる力もある。カルヴァンはその論法をしばしば借りる。たとえば、神について論じるとき、キケロの文章がよく引用される。そして、異教の哲学者でもこれくらいまでは考えたのだと指摘する。また、中世の神学者が論理一本槍で論及を進めるのとくらべて、カルヴァンの文章は古典文学の引用が多く、ずっとうるおいがあって、説得力もある。さらに、文学研究による人間観察を手がけただけあって、カルヴァンの論及は、人の心の機微に立ち入ることができた。もうひとつ、取り上げておいてよいと思われるのは、かれがストア哲学を学びつつ、「良心」について考えを深めざるを得なかったであろうということである。「良心」の概念がはっきりしたのはストア哲学においてである。若いときストア哲学を学んだパウロによって、良心という考えがキリスト教に導入された。それをよく示しているのが、パウロによって書かれた「ローマ人への手紙」である。そこでは、すべての人に良心があるということを手がかりに、すべての人が神からの要求を受けており、すべての人がその要求をみたすことができず、言いのがれの余地を残されず、おのおのが良心をもって自己をあるいは訴え、あるいは弁明する、とのべている。カルヴァンも、パウロに似て、若くしてストア哲学を学んだ。そして、論理の立て方においても、パウロと似たところが多い。その後、ストア哲学を清算してしまったあとでも、カルヴァンの態度は終始「良心的」であり、かれの後継者たちの奉ずるキリスト教も、良心的という一性格を強く持っている。

良心の痛み・回心

方向転換は一五三三年に起こった。すなわち、かれに回心《かいしん》1)が起こった。そのとき以来、かれは古典研究家・ヒューマニストとしての道を捨てきり、一介の伝道者となる。

カルヴァンを緻《ち》密な理論家として考えている人は、かれの回心を重要視することができないかもしれない。たとえば、ルターのような宗教体験の人、あるいはパスカルのような人においては、回心が決定的に重要であるが、カルヴァンはそのような経験なしに、しだいに学問と思想を練り上げていったかのように考えている人もある。だが、事実はそれではない。回心はカルヴァンにおいて決定的な意味をもった。ただ、かれは、体験の人ではあっても、体験を語る人ではない。

1) 回心《かいしん》とは神に向けて心を転じることを意味する宗教用語。英語、コンヴァーション・

かれの体験についてわたしたちの知る材料はまことにわずかである。かれはこのことについてごくすこしの言葉しか残さない。その時期もほんとうはわからない。ただ、その前と後とのかれの生活が、何もかも違っていることから、その断層こそが、かれ自身のことばで「突然の回心」といっているものに違いない、とわたしたちは断定するのである。

「突然の回心」といっても、全く前置きなしにやって来たという意味ではない。「以前から、久しく、わたしの心を刺す針があった」とも言っているからである。そのような準備が積み重ねられた上に、突如、回心のときが来たのである。そして、かれの心を刺す針とは、かれが聖書をかなりよく研究し、聖書の教えについて知っておりながら、それに従って決断することをせず、すでに決断して、迫害にあっている人たちを見殺しにしていたことについての良心の痛み、という意味ではないかと考えられる。

そのころ、フランスでは宗教改革はみじめな状態にあった。弾圧はきびしく、有力な指導者はいない。知識人は大衆をある程度まで指導したが、大衆が決断して走り出すと、指導者はそっぽを向いた。改革に踏み切った大衆は迫害にさらされ、この運動を組織化する人もなく、状況のきびしさはかれらをいよいよ狂信的な方向へと駆り立てていた。そのような事情をカルヴァンはよくつかんでいた。かれはその運動と接触を持ちはじめていたからである。パリにおけるそれの本拠は、商人エチエンヌ＝ド＝ラ＝フォルジュの家であった。

一方、奇妙なことであるが、フランスにおける宗教改革思想は保護されていた。王室がその味方である。

フランソワ一世（在位一五一五〜一五四七）自身、学問好きの王であって、時の学者たちの思想と共通の考えをもっていた。したがって、無学・無教養で人間らしさのないカトリック教会の反動勢力には批判的であり、王の権力の許す限り改革的思想家を保護した。ただし、それは思想である限りにおいてのみ王の保護を受けたのであって、思想が行動に転じたときには、もうその人は王の保護圏内にはおれなかった。そして、行動に転ずる人はほとんどいなかった。それこそ、フランスのヒューマニズムの特色だったのである。

このような思想が一部の層に限られていたことにも注目しておかねばならない。やはり改革的思想家の代表のひとりであるジェラール＝ルーセル（一四八〇〜一五五〇）が一五三三年の春、ルーブル宮で改革的な説教をしたとき、宮廷人たちの四千人がそれを聞いたといわれるが、つねづねそこでは改革的な説教がなされていた。しかしそれは、民衆から切り離された世界でのできごとであった。

思想・信仰と行動との分離、知識人と大衆との分離の上に、フランスのヒューマニストの改革思想は一応の安泰を保っていたが、小康は長くは続かない。この思想を保護していたフランソワ一世は政治的葛藤《かっとう》の渦中にあり、保護にも限度があった。そして、上記の分離の上にあぐらをかいておれなくなる内的な変化が「思想家」たちのうちに起こってきた。その先鞭をつけたのがカルヴァンの回心であると見るべきであろう。カルヴァンの回心以後、フランスでは、カトリック教会の旧制度にも批判的、プロテスタントの徹底した改革にも批判的という、第三の立場というものはなくなった。ある人はカルヴァンと同じように改革に踏み切った。ある人は反動の陣営に走った。改革に決断した人たちにとっては、社会の上層と下層の区別はなくなった。ドイツにおいて、ルターの宗教改革が下層民の改革要求を包容することができず、かれらを別の線に走らせてしまったのと違い、フランスにおいては、以後、統一的な宗教改革が展開する。

参加する人生

自らのことを語らないカルヴァンであるが、一五五七年に旧約聖書の「詩篇」の注解を書いたとき、その序文の中でわずかに自己の回心について述べた。

回心と新しい道

「……しかし、神は突然の回心によって、年齢のわりにはあまりにもかたくなになっていたわたしの心を、屈服させて従順にならせたもうた。……」

その時期については、さきに触れたとおり、大まかなことしかわからないが、この回心がカルヴァンを決定的に「従順」にするものだったことははっきりしている。では、そのように従順になる以前の状態とはどういうものであったか。かれは才知にたけたことを誇る傲慢《ごうまん》な人間だったか。そうではない。かれはある信念にこり固まった頑迷《がんめい》固陋《ころう》な人間であったか。そうでもない。むしろ、古典文学を学ぶヒューマニストとして、かれの思想は柔軟だったことを、わたしたちは認めねばならない。しかし、人に対しては優雅に・礼儀正しく接することを知っていたかれも、内面の最も深いところにおいては、神に対して少しも従順でなかった。

この回心がかれの人生と信仰と思想のいっさいを転換させたものであることを、わたしたちは理解したいのである。ことばを換えれば、かれの回心を理解しないことには、かれの思想を消化することもできない。――しかしながら、多くの人にとって、かれの回心を理解することは必ずしも容易ではないであろう。

カルヴァンの思想が「神中心」のものであったことは学者たちによって指摘されている。これには、厳密にいえば、かなりの修正を加える必要があるが、当面の問題として、「神中心」と理解して支障はないと思う。ところで、この「神中心」ということが多くの人にはわからない。理解しにくいというよりも、理解する気にもなれないのが実情であろう。それならば、わたしたちはその実情から出発するほかない。しかし、幸いなことに、カルヴァン自身もそこから出発しているのである。

かれはヒューマニストであった。このことばを、今ふつう使われているような「人間主義者」とか「人間中心主義者」ととるのは正しくない。そのころのヒューマニストは古代の文芸の研究家であった。だが、その研究の目ざすところは、たしかに、真に人間らしいこととは何かを明らかにし、真の人間らしさを身につけることであった。当時のヒューマニストたちが、古代のギリシアやラテンの文学の研究に打ちこんでいたのは、暇をもてあましたからではない。かれらにとっては、ほんとうの意味で人間にかかわりのあること、それが何かを追求することが大事だと思われたのである。別のことばで言えば、かれらは中世以来大学で重んじられてきた神学や哲学を、人生にほんとうの意味でかかわっているものとは認めなかったのである。「人間中心」ということを必ずしもはっきり打ち出したわけではないが、かれらは人間に中心をおいてものを考えていた。かれらがローマ-カトリック教会の固陋《ころう》さにいきどおりを覚えたのも、それが人間よりも制度を重んじていたからである。しかしまた、かれらが宗教改革に対して批判的であったのも、宗教改革が人間を没我的に献身させる非人間的なきびしさを持っていると見られたからである。人間性を大事にしようとするかれらは、そこに危険なものを認めた。

カルヴァンがかつてそこに身を置いていたフランス-ヒューマニズムは、キリスト教を重んじてはいたが、最も深いところにおいては、神よりも人間に重きを置く態度をとっていた。

神への屈服

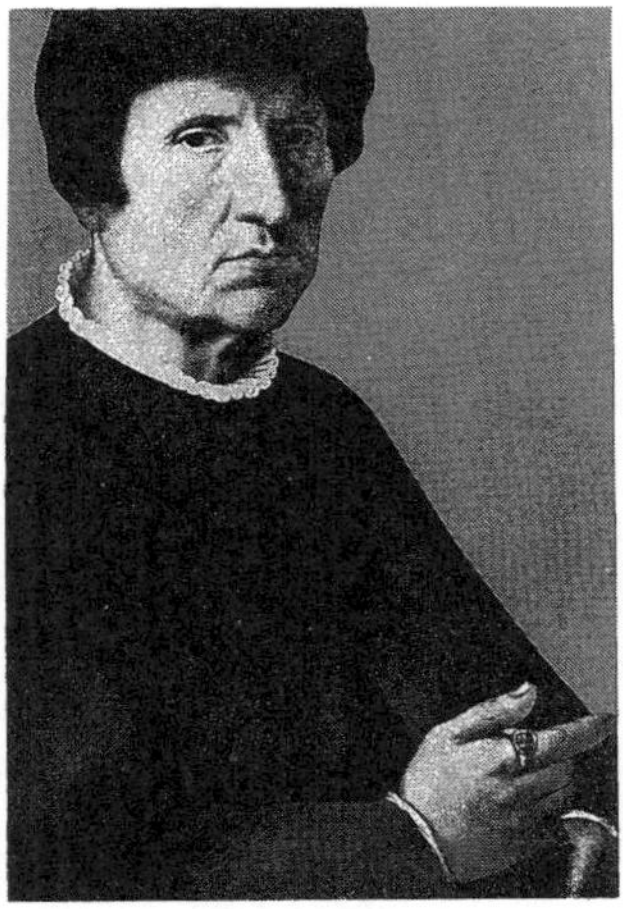
若きカルヴァン（ホルバイン筆）

回心とは、素行の悪かった人間が真人間になることではない。もちろん、それも含むが、回心とは元来、人間の精神の最も内なるところに起こる変革である。それは具体的な生活態度の全体にあらわれずにはおかないものであるが、本来、内面的なものである。何かの過失をおかして、それを悔いる場合もあるが、特定の過失と結びつくものでなく、むしろ自己のそれまでの存在の全体にかかわる。

回心することを英語ではコンヴァートというが、これは「転回する」「向きを変える」「もと来た道を戻ってくる」という意味をもっている。行ないがどれだけ改められたかは中心的な問題でなく、心の向きが全面的にこれまでと逆になることである。それはしたがって、人生の根本態度がこれまでのままで、考えだけが変わるということとも異なる。人は環境が変われば、思想も変えて行くし、自分で変えようとしない人には社会が強圧を加えて思想を変えさせる。だが、そのような変化は回心ではない。回心は、変えようとしても変わらないものが変わることである。回心はもはや、原因と結果の関係では説明のつかない領域のできごとである。

さて、カルヴァンは回心によって神への従順へと向き変わった。それは徹底した従順であった。以前からかれは、ストア哲学を学んでいるものとして、自己を抑制することにつとめていた。一部には開放的な気分がおこりはじめ、神に対して冒瀆《ぼうとく》的なことばを吐く人も出はじめた時代であるが、ストア哲学の教養を積んだ人は、そのような「はしたない」わざはしなかった。神を敬うことは、気品高く生きる人の一条件である。

だが、かれはこれまでのように、神の存在を認め、神に尊敬を帰し、宗教の人生におけるおおいなる意義を考えるところにとどまっておれなくなった。かれは神にすべてを明け渡さずにおれなくなった。神がすべてであり、自分が無であるような関係がはじまった。すぐれたカルヴァン研究家のひとりであるジャン＝カディエは、カルヴァンの伝記の副題に「神が屈服させたもうた人」ということばをあてた。カルヴァンは神に打ち負かされ、屈服し、神のなすがままにまかせて生涯を送った、という意味である。

それは消極的な人生態度ではないのか。それは要するに敗北主義になるのではないか。――ところが、神に敗北し、神の前に空しくなる生き方が、実は最も積極的で、勇気と確信とに充実したものであることをカルヴァンの生涯はわたしたちに証明してみせるであろう。

時代は行き詰まっており、改革への欲求が民衆にあった。しかし、改革の試みはすべて頭打ちになっていて、ひとたびは改革の志《こころざし》に燃えた人も、もう一度もとの無気力に引き戻されるほど、反動の力はきびしかった。何をやっても、ことごとくむなしくなるのではないかとの不安が人々をすくませた。そのとき、勇気をもって最後まで、戦うべき戦いを遂行したのは、神の前に屈服させられた一群の人たちである。神に屈服したかれらは、もはや神以外のものに屈服することを知らない。この世のどんな権力をもかれらはもう恐れない。それは全く新しいタイプの人間である。このタイプの人間によって、近代の社会は築かれていった。その一群の人々の典型として、ジャン＝カルヴァンがいた。

自由な人間の誕生

神の前に全く無力である人間像が、近世の初頭に出現したことを不思議に思う人があるかもしれない。そのような人間像は、むしろ中世のものではないだろうか。ところが、中世の思想をしらべてみた人は、中世には、カルヴァンのそれのような、徹底的に神を高め、神の前に徹底的に人間を低めるような思想は、ほとんどなかったことを知るであろう。中世のキリスト教思想の主流は、神と人間との協力関係を考えていた。人間は自由なものとして、神から与えられる救いの恵みを、受けいれるか、拒否するかの選択をすることができる。自分の力だけでは、人は救いにはいることはできない。けれども、神の恵みがあっても、人間がそれに協力しなければ、救いは実現しない。だから、人間は善きわざを積み上げていかねばならない。——こういうことが説かれ、そして信じられていた。

この考えに最初の一撃を与えたのがマルチン＝ルターである。かれが「信仰のみ」ということを主張するとき、それはカトリック教会で長い時代にわたって教えられてきた「善きわざ」による救いを否定する。わたしたちは、この問題をくわしく論じることを第二部にまわして、ここでは簡単に取り扱うほかないのであるが、ルターがそのような主張をはじめたとき、救いの問題を真剣に追求していた民衆の渇《かわ》きをいやしたのである。それほど、これは喜ばしいメッセージとして受けとられた。

ルターはしかしそこにとどまらない。初めかれと共同戦線を張っていたエラスムス（一四六六〜一五三六）との間に、きびしい決裂の時期がきた。エラスムスは「自由意志」をとなえる。すなわち、人間は自分の救いを選択する自由をもつと言う。ルターはそれに対し「奴隷意志」ということを主張する。人間の意志は奴隷的であって、選択の自由を持っていない。神が決定したままに服するほかない。神が救おうと決意されたならば、そのものは救われる。神が救うまいとされたならば、そのものは救われない。

このような、神の絶対的決定の思想をカルヴァンも持つ。それは正確には、思想というものではない。思想として、徐々にこのような傾向が固まってきたのではない。カルヴァンの育った思想の地盤は、言うまでもなくエラスムスと共通のヒューマニズムである。カルヴァンは思想としてでなく、体験としてこれをとらえた。その体験とは、回心である。神はもはや、思想をもってとらえるものではなくなった。逆に、神が人間をとらえるのである。カルヴァンは回心によって神をとらえたのでなく、神にとらえられた。ここで、かれの思想も行動も、一挙にきまってしまう。少なくとも、その方向づけが確定したことを、わたしたちは見なければならない。

それとともに、見ておかねばならないのは、神の前に徹底的に低くなることが、必ずしも人々の間で敗北者として生きることではなく、むしろ、神の前で自由を放棄している人間こそが、個人の自由と社会的自由とを獲得するために戦っている姿である。——神の前で自由を放棄した人間が、どうして、人々の間で自由を強く主張することができるのか。絶対的な力をもつ神に選ばれたとの信念に凝《こ》り固まった人が、他の人々に対して「選民」意識を振りまわして、妥協のない、ときに傲慢《ごうまん》な態度をとることはある。自分自身の自由は一応それでつらぬける。けれども、そこからは、他の人のために開かれた自由や、社会的自由のための戦いや、もっと平たくいって隣人愛の実践というものは出てこない。カルヴァンの神体験は、だから、それとは同じではない。

民衆の中への参加

カルヴァンの最も内面においておこった回心が、外面にあらわれ出たのは、一五三三年秋、友人ニコラ＝コップのパリ大学学長就任演説のための原稿をかれが起草したときである。演説は一一月一日におこなわれ、教授たちや教会の高位の人たちが集まった。そして一医学者コップの演説は、「キリスト教哲学」についてのものであり、その内容は宗教改革の線をはっきり打ち出したものであった。

告発するものがいて、当局の追及がまもなくはじまったが、内密に知らせてくれる人もいて、コップもカルヴァンもパリから逃亡した。カルヴァンが原稿を作ったことは当局にわかっていたのである。コップはただちにスイスのバーゼルに逃げて、ほとぼりのさめるまで一年あまり滞在するが、カルヴァンのこの後の足どりはコップの場合ほど明らかではない。

かれが南のアングーレームに行ったことはわかっている。ここまで来ればパリの高等法院の追及はひとまずまぬがれることができる。友人のルイ＝デュ＝ティエがこの町で主任司祭をしていた。カルヴァンはシャルル＝デスペヴィルと変名してかくまわれ、著作の準備をした。だが、かれはここに定住しない。ネラクまで行って、晩年のジャック＝ルフェーヴル＝デタープル（前出）に面会している。シュトラスブルクにも行っているし、故郷ノワヨンにも行き、教職禄を辞退し、カトリック教会との関係を清算している。

このような旅行の間に、カルヴァンは各地に散在しているプロテスタントたちをまとめ、自らも伝道者となって奉仕することをはじめている。ついにかれは、極度の危険をおかしてパリに潜入しもした。かれは書斎に引きこもる学者に向いた、内気な人柄であったが、今や死も恐れない勇者となった。それとともに、かつては、民衆から遊離した高いところに立って聖書を研究し、聖書研究の水準においては高いが、聖書に説かれているところを実践に適用しようとしないでいた学者仲間から、かれがはっきり分離したことが認められる。

すでに触れたように、フランスでは当時、宗教改革に走るのは下層民であり、上層に属するヒューマニストたちは、カトリック教会の堕落に対する批評はするが、教会の改革に踏み切らず、かえって、過激な改革を試みようとする民衆を軽蔑し・非難した。ヒューマニストたちは自分自身の自由については敏感であったが、他の人の自由や社会的自由についての感覚は持っていなかった。

民衆は宗教改革の要求を、社会改革の要求とともに持っていたが、その要求を上派の人たちは理解できない。上流の人たちの、頭の中で考える改革思想と、下層の人たちの思想的に弱い改革的行動とが分離していた。この分離を結びつけようとして、ヒューマニスト出身のギヨーム=ファレル（一四八九〜一五六五）はモーの改革（前出三二ページ）の挫折《ざせつ》後、民衆の中にはいっていたが、後に続くものがなく、分離はそのままであった。カルヴァンの回心とそれに続く実践への参加とは、この線を崩した。これ以後、フランスでは宗教改革は分裂を知らない。そして、宗教改革と社会改革の遊離ということもこれ以後フランスにおいては起こらない。それはフランスの宗教改革の特色である。

一五三五年の一月にカルヴァンはバーゼルに来た。このときから、フランスにおける宗教改革への迫害は一段と苛烈《かれつ》になった。パリでは多くの殉教者が出た。エチエンヌ=ド=ラ=フォルジュもそのひとりである。

このバーゼルにいる間に、カルヴァンはすでに着手していた著作を

ギヨーム=ファレル

書きあげた。それがかれの主著になる「キリスト教綱要」である。これを書きあげてから、フランス王フランソワ一世への献呈の辞を書き加えた。もともと、この書物は、王に献《けん》じようとして書きはじめたものではない。また、福音主義の信仰について弁証をして、迫害をやわらげようと意図して書かれたものでもない。これは福音主義の信徒たちのために書かれた。たまたま迫害が激しくなったので、もとからヒューマニストの傾向のあるフランソワ一世に読んでもらい、誤解を解いてもらおうとしたのでる。

「キリスト教綱要」の初版

日本では「綱要」という語が定訳になっているから、わたしたちもそれを踏襲するが、本来の意味から考えて「綱要」という訳語は適切ではない。ラテン語で「インスティトゥーティオ」というのは、「教え」「教育」「教程」というような意味である。「綱要」というとキリスト教を体系的に述べたもののように感じられるが、カルヴァンはそうではなく、信仰の教えを述べようとしたのであり、学問的な書物でもあるがそれとともに実際的な信仰書でもある。在来の神学書とくらべて、用語はずっとやさしい。論の進め方も、素人《しろうと》にわかるような平易さと明晰《めいせき》さとをもっている。

「キリスト教綱要」は何度も増補されて、かれの晩年に、今日各国語に訳されている決定版が出るが、第一版をのぞいて、あとの版は全部、まずラテン語版が出て、そのすぐ次にフランス語版が著者自身の手で出されている。第一版のフランス語版が出なかったのはおそらく当時の著者の身辺の急激な変動によって、時間がなくなったからである。かれ自身はそれを出す用意をしていたのである。

これは当時としては類例を見ないことである。当時、学者は全部ラテン語で著作した。本を読むくらいの人は、全部ラテン語が読めた。ちょうど徳川時代の日本で、学問のある人はすべて漢文で読み書きしたようなものである。一六世紀のフランスで、フランス語しか読めない人は、昔の日本で、仮名書きの本しか読めなかった人と同列になる。仮名書きで、学問的な本が著述された例はほとんどない。だが、カルヴァンは、仮名しか読めないような人を相手にした。カルヴァンは宗教改革の陣営に走ったときから、民衆のために奉仕する学者として、自己の使命を認識している。

バーゼルは落ち着いた学問の町であり、しっかりした出版業者が多かった。カルヴァンはそのひとりトーマス＝プラッターに原稿を渡した。プラッターの出版物はヨハンネス＝オポーリン書店が発売することになっていた。だが、秋のはじめに渡した原稿は、年があけても本にならない。カルヴァンはおそらく生活費に窮したらしく、北イタリーのフェラーラに行く。その宮廷がプロテスタントを保護していたからである。「綱要」が出たのはそのあと、一五三六年三月であった。先般のセネカの注解とちがい、今度の本は飛ぶように売れた。

この書物の人気があがったひとつの理由は、類書がほとんどなかったことである。宗教改革の文書はすでに少なからず出ていた。ルターのものをはじめとして、すぐれた文書があった。しかし、それらはほとんどみな、書物というよりは小冊子であり、キリスト教信仰について体系的に総括したものはなかった。宗教改革の開始以来まだ二〇年たっていないため、本格的な書物を書きあげる機は熟していなかったのである。

けれども、「綱要」の出版は、宗教改革の初期の混乱期が一段落ついて、それまでの成果をまとめる時期にきたことを意味するだけのものではなかった。むしろ、開始以来日が浅いのに、すでに頭打ちになり、内容的にも動脈硬化をおこしはじめている宗教改革に、新しい未来を示す指標という意味を、この書物はもっていた。すでに見たところからも明らかなように、カルヴァンが回心を経験して確乎《かっこ》とした信仰を抱《いだ》くようになってから、この書物を書きおえるまでの日数は、一年と少ししかない。ということは、カルヴァンがこの書物の中にまとめた理論は、先人の獲得したものの追随・整理ではなく、かれ自身の信仰体験を凝縮させ・結晶させた、きわめて独自なものだということになる。したがって、これは冷静な理論書であるとともに、それよりもむしろ熱烈で感動的な書物であった。とくに、これに添えられたフランソワ一世への献呈の辞は、それだけで完結した一大論文であるが、誠意と至情とを今日読む人にも伝えてやまない。

ジュネーブへの道

フェラーラの公爵はカトリックの信仰を奉じていたが、公爵夫人はほとんどプロテスタントになっていた。彼女はフランス王フランソワ一世の妹で、才女のほまれ高く、兄と同じく学問が好きな上、兄以上に宗教改革に好意をもっていた。したがって、その宮廷には進歩的な学者や宗教改革者が保護されていた。

この保護は長くは続かなかった。ローマの膝《ひざ》もと近くではあっても、フェラーラ公国の主権にかけて、宮廷内の思想の自由は一応守られるように見えたが、政治的に影響力の大きいドイツ皇帝カール五世を通じて、宮廷に圧迫が加わってきた。そこで宮廷の客たちは四散せざるを得ない。

カルヴァンは西に向かい、ピエモントレ地方の町アオスタに行った。この地方には、宗教改革以前からの宗教改革をしていたヴァルドー派が谿谷《けいこく》深くに住んでいる。その人たちはカルヴァンと縁のふかいギョーム＝ファレルや、ロベール＝オリヴェタンらの尽力で、宗教改革との連携《れんけい》をしはじめていた。

かれはそこからサン＝ベルナール峠を越えてスイスに行き、バーゼルを通ってシュトラスブルクへ行くつもりであった。かれはもっと研究を積みたかった。「キリスト教綱要」の圧倒的な人気は、かれに自己の使命を改めて考えさせた。これまでは実践活動が使命だと考えて、死の危険をおかしてパリに潜入したりしていたかれであるが、実践から一歩しりぞいて宗教改革の強力な理論を提供することこそ自分に求められるつとめではないかと考えねばならなくなっていた。シュトラスブルクへ行けば、マルチン＝ブーツァーとか、ヴォルフガング＝カピトというりっぱな学者がいて指導を仰ぐことができることもかれは知っていたのである。

たまたまそのとき、フランス王フランソワ一世と、ドイツ皇帝カール五世とが戦争をしており、エルザスを通ってシュトラスブルクに行く道は作戦の都合上とざされていた。そこでカルヴァンはいったんフランスのリョンに出、そこから北上することを考えて、ジュネーブにやってきた。もちろん、名を秘めてである。

ジュネーブの町並

ジュネーブの町はスイスの西のはしにある。というよりは、今でいうとフランスの中に岬のように突出している。当時では、三方はサヴォワ公国であった。岬の根もとも湖であるから、この町はいわばスイスの離れ島である。町としてかなり古いにもかかわらず、スイス的な連帯意識も弱く、市政は十分独立していなかった。周囲をとりまいているサヴォワ公の権力がここに介入していたのである。そして、サヴォワ公の権力と結びついていたのが、この町の司教の権力であった。スイスの他の都市と同じく、市会があり、時に市民総会が催される、民主政治の形態をとってはいたが、政治的独立そのものが不安定であった。

けれども、市民意識がしだいに高まる。それはジュネーブの「都市」としての発達による。そして、都市としての発達は、おもに、この町を通っている街道をつうじての交易によっていた。――このようにして、ついに市民意識が勝利し、サヴォワ公の支配の介入を断ち切るにいたる。これは革命というにはいささか大げさであるが、一種の市民革命が成功したことになる。この革命と結びついたのが宗教上の革命、すなわちジュネーブの宗教改革である。古い支配勢力と結びついたジュネーブ司教の権力がくつがえさるべきであったことはいうまでもない。

さきにわたしたちは、フランスにおいて、宗教改革が社会改革と結びついていたことを見た。こののち、カルヴァンの宗教改革を見て行くとき、同じような結びつきがずっと続くのをたしかめることができるであろう。ジュネーブでも、カルヴァンが来る前から、この結びつきが用意されていた。わたしたちはこの結びつきの重要さを忘れずにおきたいが、この結びつきは、結びつきというよりも、宗教の問題と政治の問題との混同になる危険を持っていた。カルヴァンが単なる宗教改革者でなく、社会改革者である点は非常に重要なのであるが、かれが二つのことがらの混同を厳にしりぞけていたことにも、わたしたちは注目しなければならない。

さて、ジュネーブの宗教改革は一五三二年にはじめられている。この年、ギヨーム＝ファレル（前出）がここに来たのである。はじめのうち、ファレルの説くところに耳を傾ける人はほとんどいなかった。むしろこの危険な思想家に対する迫害がきびしかった。だが、やがてジュネーブ市民は、ファレルの説く新しい宗教こそが自分たちの政治的独立と結びつくのだとさとりはじめる。こうして、一五三六年五月二一日、全市民が集まって、投票がなされ、福音によって生きるとの宣言が発せられる。ジュネーブは宗教改革に踏み切ったのである。けれども、多くのジュネーブ人にとっては、それは政治的決断であって、信仰上の決断ではなかった。たましいの内に大きい変革が起きたのではない。ジュネーブの人たちは、他の宗教改革を実行した町と同じく「偶像破壊」[1]を行なった。だが、形の上では古いものは砕かれたが、人々の心は別に新しくなっていなかったし、古い形をとりはらったあとに新しいものが建設されつつあるわけではなかった。ファレルにとっては、一五三二年から三六年までが苦しい期間であったに劣らず、三六年からの一時期が大変な時期であると予期されていた。かれの協力者はほとんどなかったのである。

カルヴァンがジュネーブに宿をとったのはそういうときであった。ときに三六年七月、カルヴァンは二七歳、ファレルは四七歳であった。

1)　「偶像破壊」とはカトリック教会の会堂の中に置かれたり、建物の一部として刻みつけられている像を破壊することである。カトリックではそれらの像が民衆を教化する意義をもつと主張するが、プロテスタントではただ聖書のことばのときあかしだけを重んじ、偶像は信仰を迷信化するものとしてしりぞけるのである。

ファレルとの出会い

たまたまその日、デュ＝ティエもジュネーブに来ていた。かれはファレルに会ったとき、カルヴァンがこの町に泊まっていること、明朝出発して行く予定であることを話した。ファレルは「キリスト教綱要」をもちろん読んでおり、そのすばらしさをよく評価していた。かれはデュ＝ティエの話を聞いたとき、心を固《かた》くきめた。かれは名を秘して泊まっているカルヴァンを宿に訪ねた。そして、この町にとどまってこの町の宗教改革を助けるようにと懇請した。それは全く強引なやり方であったが、ファレルはそのような人間である。

ファレルはカルヴァンと何かにつけて対比される。カルヴァンが冷静なのにひきかえ、ファレルははげしい気性の人であった。だがファレルが粗暴で学問のない人だと考えるならば大きいまちがいである。かれはルフェーヴル＝デタープル門下の学者であり、かつてはパリで、ひとつの学寮の学長をつとめたこともある人である。書き残した書物は少ないが、内容はすぐれている。そして、筆をふるうよりは雄弁をもって有名であった。

ファレルの要請をカルヴァンはていねいにことわった。ファレルが意志の人なら、カルヴァンもそれに劣らぬ意志の人であった。シュトラスブルクで研究生活をしようと決意しているカルヴァンを、ファレルの強引な説得は動かし得なかった。ついにファレルはどなりつける。「きみは自分の静かな生活のことだけを考えているのか。それならば、わたしは全能の神の御名《みな》によって宣言する。きみの研究生活とは口実にすぎない。もしきみが、われわれといっしょにこの事業に身を捧げるのをこばむならば、神はきっと、きみを呪《のろ》いたもうであろう。きみは自分自身のためを思って、キリストのためを思っていはしないのだから！」

カルヴァンは屈服した。それはファレルの強引さに屈したということではない。かれはファレルのこの声の中に、神の声を聞いた。かつて、回心の日、かれを屈服させたあの声を……。カルヴァンほどの理性的な人が、この声の中に神の呼び声を聞きとったなどとは、信じられないことであろう。しかし、とにかくかれはそのように実感した。そして、自分の計画を全部破棄した。かれはジュネーブにとどまった。だが生活の保証は何もなかった。ジュネーブ市がこの若いフランス人のための俸給をとりきめたのはずっとあとである。カルヴァンはジュネーブにとどまるのが神の意志だと確信したからとどまった。バーゼルまで行って事務的な処理をして、ジュネーブでの活動がはじまったのは八月である。

その仕事とは、サン＝ピエール教会における聖書講義である。パウロ書簡の講義だったことが記録されている。順序から言って、パウロの「ローマ人への手紙」がまずとりあげられたと推測してまちがいない。この内容は三年後に公刊された「ローマ書注解」とほぼ同じであったであろう。

一〇月にローザンヌの町で討論会があった。その町でも宗教改革についての論議がいろいろなされていたが、決着はつかなかった。そこで、カトリック側と、プロテスタント側とから代表者を出させて討論させ、ローザンヌ地区の司祭たちがそれを聞いて判断をしようということになったのである。カルヴァンは代表というよりも随員としてそれに出席した。一三〇名くらいの司祭たちが討論を見守っていた。はじめのうちファレルたちの旗色はよくなかった。やっと五日目にカルヴァンが立った。それはカトリッ

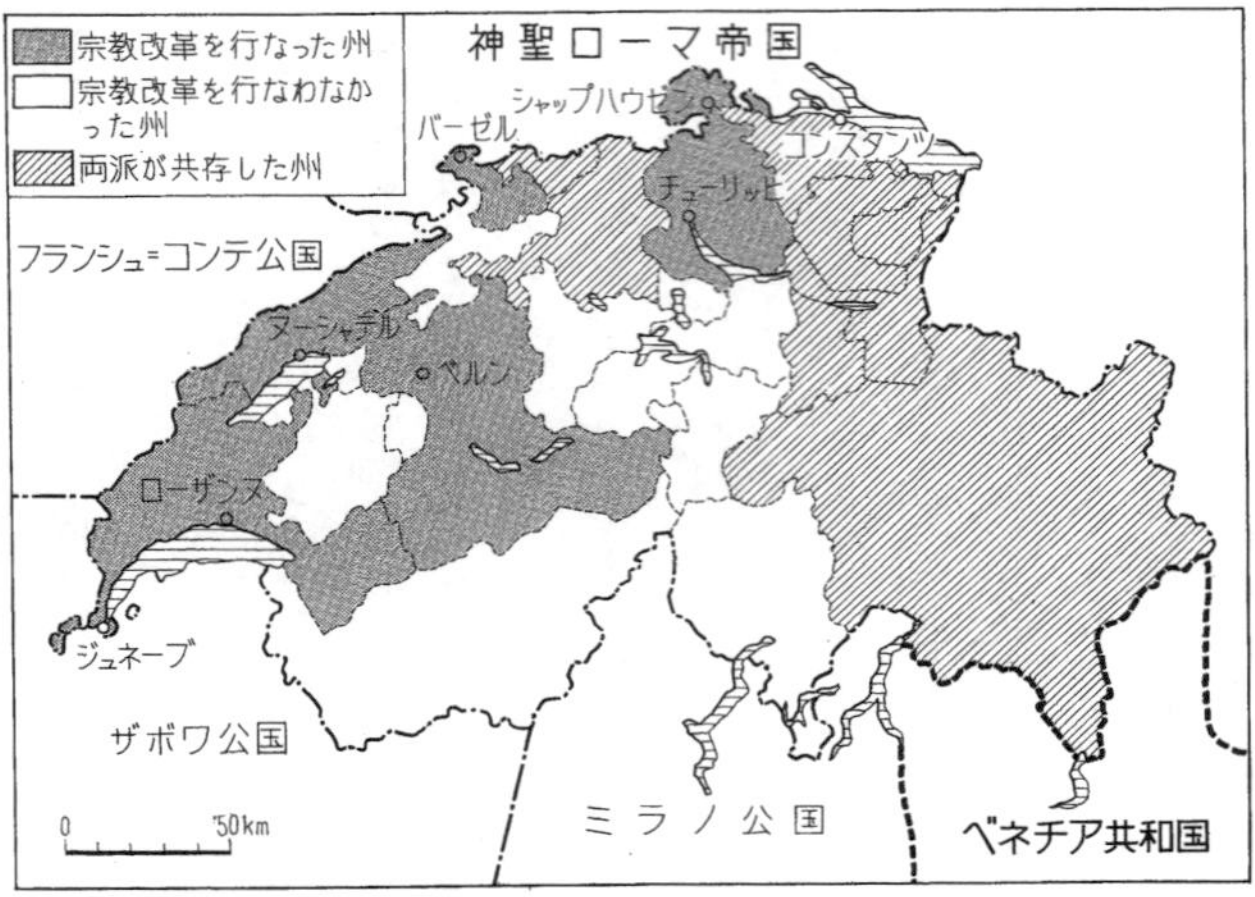

当時のスイス

ク側の神学者が古代の教父の説をでたらめに引用したのをとがめるためである。「クリュソストモス[1]の第一一の説教のほぼ中ごろには……」、「アウグスティヌス[2]の第二三の書簡の終わり近くには……」というふうに、非常に正確な引用をして、相手の態度と議論の内容のまちがいをただした。討論はカルヴァンたちの決定的勝利に終わり、ローザンヌも町をあげて宗教改革に踏み切った。

建設の段階

ジュネーブにおける活動の初期に、すでにこの目ざましい成果があがった。カルヴァンの学才はファレルがはじめ期待していたよりもっとすぐれていた。ただし、ローザンヌでかれが示したことは、たんなる学問の厳密さではなく、まして記憶力の卓抜さではない。カルヴァンがクリュソストモスやアウグステ

1) 三四七—四〇七。コンスタンティノープルの司教、名説教家。
2) 三五四—四三〇。古代キリスト教最高の思想家。

ィヌスの文章を暗誦して見せたのは、学力を誇示するためでも、相手に恥をかかすためでもない。もちろん、宗教改革の精神が神がかり的な信念でなく、学問、とくに人文科学と対立しないものであった点は無視してはならない。けれども、学問的にすぐれていたから宗教改革に移ったというわけではない。カトリック側でも、やがてカトリック信仰を擁護すべき有力な学者の養成がはじまっていた。それでも、宗教改革の精神は学説の進歩につれて、右左に揺れるものではない。

ところで、カルヴァンがあのようにみごとに教父の説を引用できたのは、頭がよかったからにはちがいないが、それよりも、非常な関心をもって熟読していた箇所だったからである。問題は「聖餐《せいさん》」に関することであった。この問題については、しばらく後でとりあげるようにしたいが、カルヴァンはプロテスタントの神学で解決に急を要する最大の問題点が「聖餐論」にあると洞察し、ここに特別に力を注いで研究していたのである。

宗教改革者たちが新しい主張をかかげたとき、カトリック側では、それを新奇なこととしてしりぞける論法をとった。教会が一五〇〇年にわたって守ってきたというだけでも、新奇な思いつきにまさる根拠ではないか、とかれらは教会の伝統をたてにとって巻き返してきた。宗教改革の初期には、伝統に対する有力な反論はあらわれず、伝統の無視こそが信仰の純粋さを保持するゆえんであるというところに重点がおかれた。両方の議論は嚙《か》み合わない。

第二期になって、宗教改革がかえって真の伝統を味方に引き入れる戦法がとられはじめる。古代の教父の伝統を正しく継いでいるのはプロテスタントであって、ローマ-カトリック教会こそ真の伝統からの脱落者であると論じられるようになった。それは決してたんなる戦術の問題ではない。また、ヒューマニストの学者たちに一般にあった復古趣味のあらわれでもない。これは信仰の内容そのものに関係している。代々《よよ》の教会が信じてきたことを受け継ぐのが自分たちだとの意識がプロテスタントの教会の中に育ちはじめ、プロテスタントこそが正統であり、カトリックのほうが異端であると考えるように形勢が逆転した。もっとも、プロテスタントはまだ少数者でしかなかったが……。

　宗教改革の初期には、ローマ-カトリック教会に対して否定的態度を貫くのが基本的姿勢であったといえよう。反対のための反対というような浅薄さこそなかったが、現実面では反対や破壊がほとんどであり、建設はなかった。ジュネーブでもそうであった。カルヴァンがこの町に来たとき、偶像破壊がひとしきりすんだあとであった。飾りをとり去られた殺風景な教会堂の中で、ファレルや、ピエール＝ヴィレ[1)]が福音の説教を叫んでいただけである。教会の組織もなく、礼拝の様式もなかった。

規律ある教会

　はじめ、聖書講義をする講師として招かれたのであるが、その年のうちにカルヴァンはジュネーブ教会の牧師となり、サン-ピエール教会堂で説教をはじめている。

ジュネーブは町をあげて宗教改革に踏み切ったのであり、町をあげてひとつの教会であった。その教会の

1)　一五一一―七一、しばらくのちローザンヌの宗教改革の指導者。

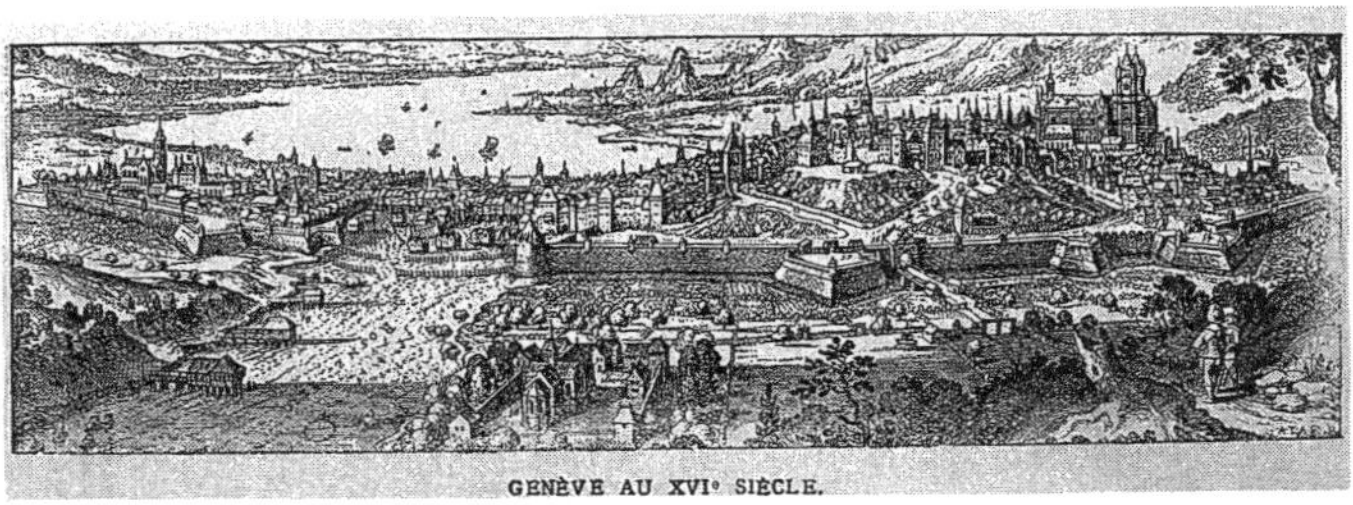

16世紀のジュネーブ
（町は城壁で守られ，川にも外敵の妨害物が設定されている。
右手の大きい建物がサン-ピエール）

中に三つの教会堂があった。サン=ピエール、サン=ジェルヴェ、マドレーヌである。そのほか、カルヴァンが聖書講義をした講堂がサン=ピエールと道をへだてた隣りにあり、城壁の外に、市の領有地が点々とあって、それぞれの集落ごとに教会堂を持っていた。

さて、カルヴァンは教会の建設にあたって、第一に「規律」を要求する。福音の説教が語られており、洗礼式や聖餐《せいさん》式が守られていても、規律のない教会は神経のない肉体のようなものだとかれはいう。この規律を保つためには、信徒の間から信仰の模範となり・指導者となりうる「長老」をあげて、この人たちの責任において教会の規律を守らせるのである。「規律」も「長老」も、こののちカルヴァン主義の教会の大きい特色となるものである。

カルヴァンの教会において規律がきびしかったことは有名な話である。しかし不正確に語り伝えられている。もとより、享楽主義が是認されてはならない。しかし、カルヴァンは楽しみを無視する禁欲を教えたのではない。「トランプも、ダンスも、それ自体としては悪いものでない」とむしろこれのために弁護する。ただ、そのおかれている状況はよく考えなければならない。それ自体としては悪でないものが、人を悪におちいらせる機縁になることを忘れてはならない。さらに、一種の社会革命を遂行しているとき、市民としての生活規律が一段と要求されることも理解できよう。さらに、具体的な問題として、享楽的傾向がいつも反動分子と結びついていたことを思いおこそう。しかも、もう一点指摘しておかねばならないことは、カルヴァンが与えた厳罰といわれているものは、実はかれでなくジュネーブ市当局が課したものなのである。カルヴァンはそのような権限を持っていない。市当局の課した懲罰を、いまわたしたちが行き過ぎであると評するのはたやすい。だが革命の遂行中にそういうことは当然だし、また必要だったともいえるのではないか。

とにかく、カルヴァンにとって大切なのは、汚れた生活のものを切り捨てることではない。神の恵みをうけ、キリストの言葉をうけ、キリストのからだ（聖餐のこと）にまであずかっているものが、それにふさわしいきよい生活をせずにおれない、ということを、教会全体として明確にしたかったのである。

第二にカルヴァンは、殺風景な礼拝をもっと豊かなものにしようとする。

カトリック教会は礼拝堂の中にさまざまの彫刻や色彩を持ち込んで、礼拝を美術的なものにした。宗教改革者はすべてそれに反撥《ぱつ》する。もともと、礼拝というものは、美的なものでも感覚的なものでもなく、たましいを賭《か》けてそこに没入する厳粛なものである。だが、あらゆる意味での芸術がそこから閉め出されるわけではない。場合によっては、それが礼拝の精神をいっそう高揚することがあるであろう。そのようなものとして宗教改革者らが発見したのは賛美歌であった。

賛美歌はカトリック教会の中でも歌われていた。ただし、それを歌うのは聖歌隊だけで、民衆はただ聞かせられるだけであった。しかも、聖歌隊の歌う歌詞は古いラテン語で、民衆の大部分も、聖歌隊員のかなりの部分のものも、歌詞の意味を汲みかねていた。そのような時代に、宗教改革者は礼拝に集まる会衆全体で歌う新しい賛美歌を作りはじめた。その先鞭をつけ、また代表的人物であるのはマルチン＝ルターである。

詩篇歌のうたごえ

ルターの賛美歌として「神はわがやぐら」（現行賛美歌二六七番）はあまりにも有名である。これは詩篇四六篇の一句を借りて、ルターが自由に大胆に聖書のことばを自分のことばで言いなおし、自ら曲をつけたものであるが、ルターの賛美歌はほとんどみな、聖書からヒントを得て、自分のことばで歌いあげたものである。

カルヴァンの賛美歌に対する考えはそれとは少しちがっていた。かれはルターのように、聖書のテキストから自由に発展した歌詞を作るよりも、なるべく聖書のままで、ただ韻律《いんりつ》をととのえただけの歌詞で歌おうとした。それは実はカルヴァンの発案ではなく、一つにはシュトラスブルク教会においてなされていることの模倣《もほう》であり、一つには、ヒューマニストの詩人クレマン＝マロー（一四九七〜一五四四）が作詞しつつあった「詩篇歌集」を知っていたからである。カルヴァンはフェラーラにいたときマローと知りあったにちがいない。

詩篇は全部で一五〇篇あるが、一度にフランス語になおすことはできない。マローは少しずつ訳詞をふや

詩　篇　歌
（詩篇137篇“バビロンの流れのほとりにて” 1539 年 シュトラスブルク発行。訳詩はマロー。）

したが、死の前年に出版された詩篇歌集でも、四九篇しかできていなかった。そのあとをテオドール＝ド＝ベーズ（一五一九〜一六〇五、後出）が受け継いで、一五六二年に一五〇篇の訳詩が完成する。

そのように、はじめのうちは賛美歌が足りないので、カルヴァンも手伝って、かなりの数の詩篇歌の訳詩と、賛美歌の作詞とをしている。これは後年とりさげられ、マローやド＝ベーズの作ったものと置き換えられている。おそらく、カルヴァンは自らを詩人と考えることができなかったのであろう。同様に、かれは自らを音楽家とも考えず、ルターのように賛美歌の作詞・作曲をすることはなかった。

それでも、カルヴァンは詩や音楽について、なみなみならぬ見識とセンスとを持っていた。カルヴァンは音楽ぎらいだったと思っている人がいるが、それはかれが礼拝におけるオルガンの使用をしりぞけたからである。しかし、それはむしろかれが音楽によく通じていたからである。すなわち、当時、オルガンは未発達で、楽器というよりは、おもちゃに近かった。そのようなもので伴奏して賛美歌を歌うよりは、無伴奏で、人間の声だけで歌うほうがよほど美しいことをかれは知っていたのである。

ジュネーブ詩篇歌はそのままフランスにひろまってユグノー（フランス・プロテスタントの異名）詩篇歌となり、また、宗教改革とともにオランダに持ち込まれ、次の一七世紀にオランダや北ドイツのオルガン音楽を栄えさせる基礎を開くのである。

新しい精神運動はつねに新しい歌に結びつく。ドイツの宗教改革も新しい歌を生み出したが、フランス・スイスの宗教改革も新しい歌を生んだ。同じころ、イギリスとスコットランドにも新しい歌が芽ばえはじめている。いずれも民衆によって歌われる歌である。カトリック圏内でも新しい音楽活動はさかんであったが、そこでは専門家によって歌われる技術的に高度な歌が作られただけで、民衆が自らの口で、自らの信仰をこめて歌える歌は生み出されなかった。

カテキズムの教育

カルヴァンが教会建設のために第三にかかげたのは、信仰の教育である。信仰というものが知恵でも知識でもないことは明らかであり、カルヴァンもこれが理性にでなく心情に根をおろすものだといっている。けれども、信仰は感情的にただありがたがることではない。中世の長い時代に、教会が民衆から信仰の知的理解をとりあげたため、民衆のキリスト教が迷信的なものにおちいったことをヒューマニストたちは問題にしていた。カルヴァンも、無知で、教えられるままを鵜呑《うのみ》にすることが信仰でないことを警告してやまない。宗教改革によって鮮明にかかげられた信仰とは、あなたまかせの無自覚さをしりぞけた、きわめて主体的で、自己自身の存在の問題を深くとらえた、確乎《かっこ》とした認識（知識）である。認識であるがゆえに、これを持つ人は、認識するところをはっきりと告白すべきであった。

もとより、信仰は単なる認識ではないから、教科書を読ませたり、学校で教えたりすることによって持たせることはできない。そのようにして教えられるのはせいぜい信仰についての観念であろう。しかし、カトリックが美術作品を通じて信仰を与えることもできると教えたのとは反対に、宗教改革者たちはみな、信仰は言葉に――キリストの言葉によると信じた。キリストの言葉を教えられ、それを聞き、それを受け入れるべく決断するところに信仰ははじまる。そして、信仰については自分の言葉をもって告白し・釈明することができるのである。

古代のキリスト教会は、洗礼を受けたいと願い出たものに、かなり長期間の教育をほどこし、信ずべき主要な項目についてはっきり把握をさせていた。その習慣は社会全体がキリスト教化されるに及んで、だんだんすたれた。すなわち、人々は赤ん坊のうちに洗礼を受けてしまう。しかしそれでは信仰を自ら把握することができないから、大人になる前に信仰の教育を受け、それから堅信礼《けんしんれい》という儀式を経て、一人前の信者になることにはじめはなっていたが、その教育もしだいに省略されるようになった。というのは、赤ん坊のときに受ける洗礼も、大人になる前に受ける堅信礼も、それ自体が受けるものに効力を及ぼすという、魔術めいた考えができてきたからである。宗教改革はそのような魔術めいた考えを払いのける。儀式を通じては信仰は与えられない。

さて、信仰の教育のために用いる教程のことを「カテキズム」という。これはふつう「信仰問答」と訳される。ほんとうは正しくない。「問答」という意味は本来このことばの中にはないのである。問答体で書かれる場合が多いが、問答体をとらないカテキズムも多い。ルターが書いた二つのもののうち、大きいほうは問答体ではない。カルヴァンが前後二回作ったうちのはじめのものはやはり問答体ではなかった。

カテキズム教育は牧師自身があたる。カルヴァンも子どもたちを集めて教えていた。どのように教えたかはわからないが、日曜日のひるに子どもたちが集められ、カテキズムにもとづいて教えられた。この子どもたちが育って行くにつれて、カルヴァンのジュネーブにおける信望があつくなっていったのであるから、かれが若いものの心をよくつかんだ教育をしたことはまちがいない。後年ある旅行者は、ジュネーブの子どもたちのほうが、パリのソルボンヌ大学の教授よりも、信仰についてのはっきりした把握をしている、と評したが、必ずしも誇張ではなかったようである。

新しい社会を建てる柱

第四にかかげられたことは、結婚に関するものである。宗教改革と結婚とは、かなり深い関係をもっている。第一に、それまでヨーロッパ社会では、結婚についての法律が民法の中にはなく、結婚の法はすべて「教会法」の中に収められていたが、宗教改革はカトリック教会とともにその教会法を否定したから、結婚が無法状態におかれることになったのである。この事態を収拾することが宗教改革者の任務のひとつであった。しかも、当時、ジュネーブのような商業都市では、経済的繁栄と結びついて、享楽的《きょうらく》傾向が助長されていた。それは当然、結婚の倫理の低下になる。他方この享楽的傾向に対立して、獲得された富を浪費せずに蓄積し、民主的社会の実力を高めようとする禁欲的傾向もあった。だが、たんに浪費や享楽を抑制するだけでなく、もっと積極的に新しい倫理を打ち出していかねばならない。カルヴァンは結婚生活が新しい時代の社会の道徳的基盤であると洞察した。かれ自身もそのような意味をもつ結婚生活を数年ののちにはじめるであろう。

以上にあげた四項目が、カルヴァンの最初に作った「教会規則」の要点である。かれはジュネーブ教会の教会規則をこのあと二回書きなおしてくわしいものにするが、基本的な線ははじめから終わりまで一貫している。

さて、この規則にのっとって教会を整えていくために、カルヴァンは「カテキズム」を書かねばならない。それは、ほぼ「キリスト教綱要」初版本の要約である。もともと「キリスト教綱要」そのものも、大人のためのカテキズムという意味のものであるから、それを要約することは困難ではない。ただ、それが子どもを教える教材として向くかどうかは別問題である。カルヴァン自身、これを考えなおして、あとでカテキズムを書きなおす。その次に、かれはさらにそれを要約して「ジュネーブ教会信仰告白」というものを作った。さきの、ファレルの指導のもとに行なわれた改革宣言のようなものでなく、信仰の内容に立ちいってこれを告白するのでなければ、教会は成り立たない、とかれは考える。かれは教会のメンバーのひとりびとりに、信仰の意識と認識と表明とを求める。若干のいざこざがこれにともなう。というのは、ジュネーブ人の中には、自由を主張し、わくにはまった信仰の告白を拒否するものもいたからである。だが、結局、全市民が新しい信仰について誓約をした。それは次のようなことばにはじまる。

「第一にわれわれは明言する。われわれは、己《おの》が信仰と宗教の規範として、聖書――すなわち、神の言葉によらずして人間の知恵が考え出したいかなるものも混じておらぬ聖書――にのみ従いたいと決意するものである。……」

徹底した聖書主義である。聖書の言わないことには従わない。それが出発点になる。人々がそのように誓って出発した以上、その誓いを貫かせることが指導者の真剣な課題となる。カルヴァンたちはその仕事に打ち込む。多作家のかれがこのところ当分、著作を出さなくなるが、ジュネーブにおける教会の仕事が忙しかったからであろう。

サンーピエール教会裏側
（塔は後世の建て増し）

その忙しさをさらに大きくする紛糾《ふんきゅう》があった。ピエール＝カロリという説教者がローザンヌにいたが、この男がカルヴァンを非難した。カルヴァンの書いたカテキズムにも、信仰の告白にも、「三位一体」ということばが見られないことから、カロリはカルヴァンが三位一体の教義に反する異端者であると攻撃した。カルヴァンはしかたなく

「三位一体の信仰の告白」という一文を書かざるをえなくされた。ほんとうは、そのようなものを書く必要はなかった。たしかに「三位一体」ということばはさきの文書では使われていない。しかし、特定の用語を使いさえすれば信仰の正しさの証明になるわけではない。

カロリはこののちもプロテスタント陣営でかきまわしをしたすえ、カトリックに寝返った。

市会と教会

さきに見たように、ジュネーブの宗教改革は宗教的な手続きによってではなく、政治的な手続きによってなされた。市会が市民をここまで引っぱった。ファレルも、宗教上の指導をするための雇い人である。カルヴァンもそうである。かれらは市のお雇いの「フランス人教師」であり、宗教改革の主導権は市会にあった。少なくとも市会の人たちはそう考えていた。

ファレルやカルヴァンはそう考えてはいない。かれらの俸給が市の金庫から出ていたことは事実だが、かれらには市から雇われ、市のために働いているという意識はない。かれらは教会のために奉仕しているのであり、教会のかしらであるキリストに仕えていると信じた。ここにかれらと市当局との食いちがいがあった。

激突の時期は案外早くやってきた。

ベルン市は同じスイスの都市としてジュネーブに影響力をもとうとしていた。ジュネーブの宗教改革を推進した政治家たちは、サヴォワ公国とのつながりを断ち切って、スイスの諸都市との連繋《れんけい》をはかろうとした人たちである。一五三八年の春さき、ベルンからジュネーブへ、宗教改革の形式面をも統一させたいという申し入れがあった。市会はそれを受け入れた。ベルンの申し入れは、ジュネーブに同調を求めるものであり、ベルンのとっている形式は、ジュネーブのそれよりずっと保守的で、古いカトリック時代のものを温存していた。具体的な例をあげると、聖餐《せいさん》式に使うパンはジュネーブで使っているような、ふつうの、パン種（イースト）でふくらませて焼いたパンではなく、パン種を入れない、円《まる》い薄い堅焼きパン（カトリック教会でミサに使ういわゆるホスティア）でなければならない。また、教会堂の中に「洗礼盤」を復活させねばならない（洗礼盤はさきの偶像破壊のおりに、いっしょに取り払われた）。教会の祝日も、日曜日と受難週および復活節だけを守るのでなく、クリスマス、新年、マリヤの受胎告知の日、キリスト昇天の日は守らねばならない（これらも、さきにファレルがひと思いに廃止したものである）。

カルヴァンも、ファレルも、もうひとりいた盲人牧師のクローも、それらの申し入れにとくに反対する理由をなんらもっていない。形式に関することは自由なのである。ただ、政府からの要請によって、教会が形式を課せられることには、かれらは絶対に反対した。この年の二月の選挙で選ばれた議員の中に、カルヴァンたちに好意をもたないものがいたことも事情をいっそう複雑にした。

春の復活節は教会の最大の祝日であるが、カルヴァンたちはこの日に行なうべき聖餐《せいさん》式をとりやめた。この喧騒《けんそう》と怒号のさなかで、このように貴い式典をとり行なうことはすべきでない、とかれらは信じた。市会はそれに対抗して、この牧師たちの説教を禁止した。それでもカルヴァンたちは死を覚悟して説教をつとめた。いかなる権力も、キリストのしもべである説教者からそのつとめを取り上げることはできない。ついに市は、三人の牧師を追放した。つとめに踏みとどまる最後の努力をしたが、今度は市を捨てるほかなかった。拘留されていたクローは釈放と同時に追放であった。三八年四月下旬のことである。かれらはひとまずバーゼルに来た。

シュトラスブルクへの参加

クローはまもなくローザンヌの教会に招かれて行き、そこで生涯をとじた。ファレルは出版者ヨハンネス＝オポーリンの家に世話になっていたが、数週間ののちにヌーシャテルにおもむいた。それがかれの終生の働き場であり、かれはカルヴァンの没後まで生き続ける。カルヴァンは友人である教授ジモン＝グリネウスのもとに世話になった。かれはこの語学教授について、聖書の原典研究にはげむことができるのを喜んだ。いったん中断された研究生活を再開したかれは、生活の苦しさに耐えてバーゼルにしがみつこうとした。シュトラスブルクから招きがあったが、短時日おもむいただけでまたバーゼルに帰った。

かつてジュネーブの宿にファレルがおしかけて、いやがるカルヴァンをむりやりに改革の戦いに参加させたが、こんどはマルチン＝ブーツァーがかれを叱りつける役をした。カルヴァンはふたたび、神の御手のもとに砕かれる自分をおぼえ、自己の願望してやまない研究生活を犠牲にして、神に身を捧げて従うべく、バーゼルを去ってシュトラスブルクに来た。九月はじめのことであった。

シュトラスブルクはバーゼルからラインの川ぞいにくだったところにある。「街道筋の町」という名がそのまま固有名詞になったように、古くから交通の中心地であり、市民層も有力で自由都市になっていた。ここにはすでに一五二四年以来、宗教改革が進められており、しかも、ドイツの一部でありながら、ルターの宗教改革とは少しちがった行き方をとっていた。ルター派に同調しなかったのは、都市の気風が他とちがっていたこともあろうし、すぐれた見識をもった指導者がそろっていたからであろう。

代表者はマルチン＝ブーツァー（一四九一～一五五一）であるが、かれは指導者・上役としてでなく、同僚として、他の牧師たちと協力していた。すなわち、ヴォルフガンク＝カピト（一四七八～一五四一）、カスパル＝ヘディオ（一四九四～一五五二）、マティアス＝ツェル（一四七七～一五四八）は粒ぞろいの優秀な神学者であった。この人たちが合議の上で推進していた改革は、北ドイツで、ほぼルターひとりの指導のもとに進められていたそれとはかなりちがって、ずっと近代化したものである。たとえば、教会の組織は民主的な長老制であったし、信徒の中から選ばれた「執事」が病人や貧困な人を助ける愛のわざに従っていたし、礼拝の形式はずっと簡素であり、会衆の歌う賛美歌はルターのそれよりも先に発達した。

ブーツァー（ド＝ベーズ著『宗教改革者群像』より）

ブーツァーたちはルター派に傾倒しなかったが、一致をないがしろにして別派行動をとったのではない。むしろその逆なのであって、プロテスタント陣営の一致のことを当時最も真剣に考えていたのはブーツァーたちなのである。その事情を説明しよう。プロテスタントの陣営はすでに一五三〇年以前に分裂していた。すなわち、ルター派とツヴィングリ派であった。この両派を融合させようとする政治的な努力はされていたが、それはかえって分裂を決定的にするほかなかった。政治的な必要から用意された一五二九年の、ルターとツヴィングリ（一四八四〜一五三一）の会談は決裂に終わり、話し合いの余地はなかった。問題は「聖餐《せいさん》論」の相違であった。これについては追って触れなければならないが、とにかくブーツァーはその相違を乗り越えるような神学理論を考えていた。シュトラスブルクの宗教改革は、そののちドイツ国内の政治状勢にわざわいされて挫折する。しかし、ブーツァーたちの志はカルヴァンがやがて実らせるであろう。ブーツァーがカルヴァンに与えた感化は非常に大きい。

著作活動の再開　シュトラスブルクはフランスに近かったので、信仰のゆえに祖国に住めなくなったフランス人亡命者が相当数いた。ブーツァーたちドイツ人牧師は、このフランス人の一団を指導することができない。それで、カルヴァンをぜひにと懇望したわけである。もうひとつのカルヴァンに期待されたことは、この町の大学で講義をもつことである。

亡命者たちは財産を全部捨てて来たのであるから、極端に貧しい。かれらの牧師であるカルヴァンには、生活の面倒まで見なければならない忙しさがある。それでも、信仰のためにすべてを捨てて来た人たちを相手にするのであるから、ジュネーブで、本気になって信じない人の相手をつとめるよりは、よほど気持ちがよかったであろうと思われる。講義もあって忙しかったが、カルヴァンは久しく遠ざかっていた著作活動に猛然と取り組む。

まず「キリスト教綱要」の改訂第二版が用意され、三九年に出版される。これは初版を全面的に書き改めたもので、分量もふえた。この第二版を出したあと、そのフランス語訳にとりかかり、それは四一年に出版された。

次に大きいところでは「ローマ書注解」がある。四〇年に出版。これはカルヴァンの長い間の聖書研究の蓄積を発表したもので、こののち聖書の各巻が一巻一巻注解されては出版される。これらは一六世紀における聖書研究の最高水準を示したものであるとともに、その後の時代に対して基準的な書物となった。こうして書き続けて行く聖書注解書と、こののちも改訂増補を繰り返す「キリスト教綱要」とが、カルヴァンの神学の車の両輪のようなものとなる。したがって、カルヴァンの思想を理解するためには、体系的にまとまりのついている「綱要」を読むだけでは足りない。注解書類も読まなければいけない。さらにいうならば、カルヴァンが聖書を注解した態度に見習いながら、聖書を自ら学ぶということが必要になってくる。

なおまた、カルヴァンが急に思い立って、一気に書き上げねばならない手紙があった。それは公開状で、そのままの形で出版される。「枢機卿《すうききょう》サドレトの手紙に対する返答」がそれである。

カルヴァンたちがジュネーブから追われたことは、ジュネーブが宗教改革の戦列から脱落したことを意味するのではない。市はさっそくカルヴァンたちの後任者になる牧師を招聘《しょうへい》した。もっとも、それはカルヴァンたちとはちがって、市当局の要求をおとなしく聞くような牧師たちであった。したがってかれらは凡庸な人材であり、問題の多いジュネーブ人をひきいて嵐を乗り切ることができるような器《うつわ》でなかった。それはカトリック側にとって失地回復の好機とみられた。

ヤコポ＝サドレト(フランス名ジャコブ＝サドレ)(一四七七〜一五四七)は南フランスのカルパントラスの司教をしていたイタリア人であり、カトリック陣営においては教養の豊かさにおいてすぐれていた。かれが一五三九年四月、ジュネーブの市会と市民にあてて、カトリック教会への復帰を呼びかける手紙を送ったのである。かれはそこで教会の一致を訴え、宗教改革の指導者たちに対する中傷を書きならべた。

ジュネーブ市会はその勧誘には乗らなかったが、できるだけ早い機会にそれに対する返答を出さねばならない。さいわいにして、民衆には読むことのできないラテン語で書かれていたので、影響は少ないが、このままにしておいては人々に動揺を与える。ところが、サドレトと対抗して返答の書ける人はいない。とうとう、カルヴァンのところにこれが持ち込まれた。かれは友人たちのすすめもあったので、引き受け、九月一日に書き上げ、それをただちに出版した。しかも、この書は初版以来いつも、サドレトの手紙もそのまま収録して、読者に比較させるようにしている。サドレトの計画は大きいマイナスに終わった。

シュトラスブルクのかれの書斎はしばしば留守になった。かれが会議出席のために長い旅行をすることがよくあったからである。一五三九年にはフランクフルトの会議に行った。そこでフィリップ＝メランヒトン（一四九七〜一五六〇）と知り合っている。四〇年夏にはハゲナウの会議、その年の暮れから翌年にかけてはヴォルムスの会議、さらにレゲンスブルクの会議等々があった。

包容力と統一

それらの会議はプロテスタントとカトリックの代表者を集めたもので、神学的な問題も論議されたが、それよりは政治的な折衝が主であった。ここで宗教改革の権利をいかにして少しでもよりよく確保するか、ということが代表者たちの課題である。かれらに要求されるのは政治的手腕である。カルヴァンはその期待にみごとに答えた。

カルヴァンがそれらの会議に出ていたことはプロテスタント全体にとって有益であった。かれの手腕だけでなく、譲るべからざる線を守り抜く強さがプロテスタント陣営のために必要であった。というのは、いっしょに会議に出ているメランヒトンは、人間としては善良で、学識にたけてはいたが、往々にして妥協する性格があったからである。

さて、当時の宗教改革陣営では、ルター派と、ブーツァーたちやツヴィングリの後継者たちの派とが並行していたが、もう一つの派があった。ドイツでいうと農民戦争を起こした派や再洗派など、聖霊に強調点をおく派である。この傾向の派は当時の社会においては、教会としての存在を認められず、前記の会議などにも出ることを許されない。かれら自身も会議で政治折衝をするような教会になることをいさぎよしとせず、

ツヴィングリ（1531年戦死）

教会的制度もとらず、制度よりも個人個人の霊的・神秘的体験に依存した。

ルターはこのような傾向の人々を受けいれることをしなかった。先年、農民戦争に断乎《だんこ》反対したのと同じ論法である。カルヴァンはそれにひきかえ、この人たちを受けいれた。受けいれて自分たちに同化させた。実は、シュトラスブルクに逃げて来たフランス人プロテスタントの中には、迫害によって狂信的にならざるを得なかった事情もあるであろうが、聖霊派の傾向の強い人も多かったのである。

シュトラスブルクの改革者たちはかれらを切り捨てることをしなかった。とくにカルヴァンは大きい包容力を示した。しかしかれは難民たちに思い思いの狂信的信仰を許したのではない。かれはかれらを一つの教会的信仰に統一した。かれらは納得して従った。その要旨を簡単に説明するならば、カルヴァンはかれらが聖霊だけを切り離して重視することを批判するのである。すなわち、神の言葉に結びつかない聖霊の働きはない、とするのである。御言葉と御霊とが結びつくのである。

これはカルヴァンの思想を理解する重要な鍵《かぎ》のひとつである。この点からかれは再洗派や聖霊派を批判する。この点からかれはカトリックをも批判する。そして、この点でカルヴァン神学はルター神学を批判する。ルターの神学には聖霊論が弱かったのである。カルヴァン神学に聖霊論が安定した位置を占めるにおよんで、プロテスタント信仰の理論は確定した。それをわたしたちは「キリスト教綱要」第三篇において読むことができるであろう。

結婚と家庭生活

シュトラスブルクにいる間に、一五四〇年の八月、カルヴァンは結婚生活にはいった。スイスのヌーシャテルから、ファレルがわざわざ祝福をしに来てくれた。

宗教改革者たちはほとんどみな結婚した。例外で有名なのはメランヒトンくらいであろう。カトリックで聖職者に結婚を禁じているのとはまことに対照的であった。改革者たちの多くはかつてカトリックの修道士や司祭であって、独身生活を尊ぶことの偽善と、それを法的に強制する不合理を体験していた。かれらは、独身を尊しとする一種の迷信を打破し、キリスト者の自由を身をもって証《あか》しするために、進んで結婚に踏み切った。カトリック側ではそれを非難し・揶揄《やゆ》したが、改革者たちにとってはこれはきわめてまじめな行動だった。

けれども、結婚を否定する形式主義との戦いはなされたが、結婚そのものの意義がそれによって積極的に打ち立てられて来たわけではなかった。ひとつの例にルターの場合がある。ルターは一修道女と結婚し、平和で・敬虔《けいけん》な家庭を作った。それはプロテスタントの家庭生活の模範といってよい。だが、かれは結婚についての明確な理念や理想を持っているわけではなかった。かれの保護者であり、プロテスタント諸侯の旗頭であるヘッセンのフィリップが、妻をもうひとり持とうとしたとき、ルターは反対ができなかったのである。それは、権力者に頭があがらなかったからではない。ただ、積極的な結婚観がなかったため、誤った結婚観を是正できなかったのである。

カルヴァンはそれとは別の道を歩いていた。かれは教会に聖職者としての籍を置いてはいたが、回心するときまでは、教会人というよりも大学の人間であり、修道士とは縁遠いヒューマニストであった。すなわち、かれ以前の宗教改革者がカトリックの聖職者であったときの反動として結婚を考えたのとちがい、かれは市民的感覚をもって結婚を考えたのである。そして、かれ自身としては自分の結婚のことは考えていなかった。仕事が忙しかったからであろう。

ところが、仕事の忙しさがかえってかれを結婚に踏み切らせることになる。というのは、次のような事情があったからである。シュトラスブルクのかれの家には、亡命者たちが出入りし、その人たちを世話しなければならない。さらに、学生たちがかれの家に寄食している。かれ自身は仕事を山のようにかかえている。――かれは、この家には「家政」がないことを発見する。かれがこの家の主人として精神的指導力をもっていても、それだけでは「家」を形成することができない。この欠陥は女中では補いをつけることができないのである。

同僚の牧師たちがしきりにすすめたが、カルヴァンはなかなか結婚の決心をしなかった。すすめられる候補者も幾人かいたが、かれはみな断わった。貴族の令嬢もその中にいた。

カルヴァンの妻イドレット
の像と伝えられるもの

結局、かれが選んだ相手は、イドレット＝ド＝ビュルという二人の子を連れた未亡人である。彼女とその夫はフランスから逃げて来た再洗派であったが、カルヴァンの指導に服して再洗派の狂信を捨てた。その後、夫のジャン＝ストルドゥールは病死した。カルヴァンは残されて困窮《こんきゅう》しているイドレットの内に、純粋な信仰と、すぐれた家政の才能とを見てとった。

イドレットは結婚生活九年で死んだ。ふたりの間に生まれた子も、乳児の間に死んで、ふたりは結婚生活を楽しむ時期を全く持たなかった。かれは妻をきびしい生活の道連れにした以外には、何も彼女のためにしてやれなかった。けれども、カルヴァンは妻を心から愛した。その愛の深さをわたしたちは、妻の死後かれが友人たちにしたためた手紙によって確認することができる。かれらは愛し合い・いたわりあいながら、かれらの結婚生活を神に捧げた。プロテスタンティズムの結婚観が確立したのはかれらにおいてである。

勇気ある人生の勝利

ジュネーブで今一度　一五四一年にカルヴァンはもう一度ジュネーブに呼びもどされる。ジュネーブでは、カルヴァン以外に難局を切りぬける人がいないとの意見が勝利をおさめた。ジュネーブ人はかつてカルヴァンを追放したことを心から悔《く》いて、辞を低くしてカルヴァンの出馬を懇請した。かれはしかし引き受けなかった。かれにとって、シュトラスブルクはちょうどよい活動の場であった。この地を去ってもう一度あのいまわしい思い出の町に帰って行く理由は何ひとつ見いだせない。ジュネーブに行くくらいならば、死んだほうがましだ、とかれは本気で考えていた。

友人たちからの、ジュネーブ復帰をうながす手紙の調子は、いよいよはげしくなった。ここでもかれはついに折れた。というよりは、かれは自己の意志や判断が神の意志によって砕かれるのを、またも実感したのである。人々はかれを勝利者として迎える。けれどもかれは勝利者というよりは神に屈服したものとして、神に捧げられた犠牲として、シュトラスブルクを去ってジュネーブに来た。九月上旬のことであった。

自分の判断がそのように砕かれたのであるから、かれはこの復帰が神の意志によるものだと信じないではおれない。神の意志による以上、今度という今度は、絶対にあとにひけないとのすさまじい覚悟をかれは胸に秘めた。
ジュネーブの人たちははじめは平身低頭してかれを迎えたが、かれはこの人たちの根本的な態度は以前と少しもかわっていないと見ていた。その観察はあたっていた。このときからこそ、カルヴァンの戦いは本格化する。宗教改革にはさまざまの戦いがあったが、カルヴァンが巻きこまれたような、味方どうしの、しかも福音の本質にかかわっているような、きびしくも深刻な戦いの例はほかにないといってよいであろう。一刻一刻、かれは倒されぬようにからだを支えなければならない。一瞬も気をゆるめることができない。とはいえ、かれは警戒心で固《かた》くなっていたのではない。サン＝ピエール教会にもどって最初の説教をしたときも、おどろくほど冷静であったたし、かれとファレルの去ったあと、さんざんの不手際をした牧師たちに対しても、全く柔和であった。

寛容と非寛容

カルヴァンを非寛容の権化のように考えている人にとっては、ジュネーブに帰ったかれがそのように柔和だったと聞くことは意外であろう。一般にカルヴァンはそのような人であると考えられているのである。

これは一面ではあたっているが、一面では全くの誤解である。まず誤解の面からはじめるならば、近年のカルヴァン研究は、従来史実として信じられていたカルヴァンについて悪評をひとつひとつくつがえしつつある。ジュネーブやその他のところに蔵せられている古文書《こもんじょ》を検討するにつれて、これまでの「カルヴァン伝説」がつくり話であったことがだんだんわかってきたのである。かれが極端に峻厳《しゅんげん》であり・非寛容であるという物語は、こうしてだんだん消されつつある。ただ、このような物語が作り出される雰囲気はたしかにあった。カルヴァンに反対する人たちが――カトリックもプロテスタントもいっしょになって――ジュネーブで起こった不快な出来事をことごとくカルヴァンのせいにしたり、根も葉もない噂《うわさ》を作り上げたりもし、それを書きとめておいたのである。さらに加えて、カルヴァンの後継者たちが、よりいっそう不寛容が支配的になって行く次の世紀に、不寛容の模範としてカルヴァンを受け入れるようになった。この両面からの力が働いて、カルヴァン像は、人間味のきわめて乏しいものと考えられるようになってしまったのである。

　そもそも、カルヴァンはどういう顔をしていたであろうか。わたしたちは、カルヴァンの古い肖像を相当数集めて比較することができる。それらを整理してみると、いくつかの群にまとまる。それぞれに原画があって、あとは模写なのである。さてその模写であるが、大ざっぱにいって、時代がくだるほどカルヴァンの顔は生気も人間味もやさしさもなくなったものとして描かれていることがわかるのである。つまり、模写した人は、カルヴァンの思想に傾倒している人であっても、この改革者が人情も何もない峻厳な人物であるときめてかかって、その顔を描いたのである。ほんとうのカルヴァンは、実際の年齢よりはるかにふけて見えはしたが、柔和な感じの顔をしていたにちがいない。かれの内心がたとえきびしく、けわしくても、それが外面にむき出しにあらわれるには、かれの教養は深すぎるのである。かれが学んでいたストア哲学はそのようなことは教えない。

かれがどういう人柄であったかは、いろいろな資料である程度推定がつく。しかし、もっと的確にとらえようとすれば、かれの文章を読んでそれを書いた人のイメージを描くのがよいと思われる。できれば同時代人の文章と読みくらべてみられたい。「文は人なり」とは、カルヴァンの場合、まさにあてはまる原則である。翻訳でも十分味わえると思う。それは飾り気のない文章であり、理路整然としている。それでいて、読む人を説得せずにおかない熱っぽさがあり、しかも、どことなくユーモアがただよっている。わたしたちはときどき笑いをこらえなければ、かれの文章を読みとおすことはできない。

もっとも、かれがすぐれて寛容な人間だったと見ることは誤りである。かれは本質から非寛容な人間なのではなかった。だが、寛容が危険を招く時代であり、寛容の名のもとに責任の重大さを放棄できない状況にかれは立っていた。もしかれが寛容であったならば、ジュネーブの宗教改革は崩壊したにちがいない。ジュネーブのみならず、ヨーロッパ全域における宗教改革は挫折したにちがいない。それはすでに、モーにおける知識人たちの改革運動の挫折をとおして、わたしたちが見たところではなかったであろうか。

教会の再建

ジュネーブでの仕事は全部はじめからやりなおさなければならない。さきのときはファレルという有力な協力者がいたが、こんどはカルヴァンひとりであった。

前と同じように、はじめに「教会規則」がととのえられ、「カテキズム」が用意された。それらは先のよりはずっとくわしくなっている。シュトラスブルクで受けた影響がここにあらわれたのである。かれは教会の規律や訓練をいっそう重んじるようになる。

ここでカルヴァンが一応打ち立てた教会の組織をかいつまんで述べてみよう。

まず教会で最高の責任をもっているのは「牧師」である。改革前の制度で言えば、牧師は司祭にあたり、その上に司教がいる。カルヴァンはさしずめ司教に相当する。かれは昔の司教座聖堂であるサン＝ピエール教会で説教をしていたし、牧師たちの代表として招聘《しょうへい》されたのである。ところが、かれは決して司教のようには振舞わなかった。かれは他の牧師たちと同格であろうとし、他の牧師以上の権威をもとうとはしない。ひとりの牧師以上の権威をもつものとしては「牧師会」（ヴェネラブル・コンパニー）だけがある。これは毎週開かれる。そのつど聖書の共同研究をみっちりやり、年に四回、おたがいに徹底的に批判し合う。カルヴァンも批判を受けるわけである。牧師会の運営は民主的で、そこできまったことに牧師たちは服した。そのようなわけで、牧師たちの一致と団結と相互信頼は固《かた》かった。こののち、牧師会が市会の権力と闘争しなければならない場合も起こってくるのであるが、そのときにも牧師の結束はくずれなかった。教会員に対しても、厳格な規律を要求し、指導者の方針に不一致を来たさない。

次に「教師」という職がある。これは学校で教えるつとめである。当時、学校というものは教会の手で運営され、政府はこれにタッチしていなかった。教師たちには子どもを教えることから、牧師たらんとするものに神学を教えるまで、カテキズムや聖書や神学を教えることから、文法・語学・数学などの学科を教えることまで、広範囲な仕事があった。

その次に「長老」がいる。市会によって選ばれた長老が一二人いて、牧師たちとともに「長老会」(コンシストワール)を作る。この長老会が教会員の信仰生活の規律をとりしまるが、長老会の内部で互いに誤りは指摘し合い、是正しあう。

ジュネーブの長老制はしかしカルヴァンの望んだとおりのものではなかった。長老は教会における職なのだから、教会の中で、教会が、すなわち会衆が選挙すべきであって、教会と別の系列で選ばれるのはおかしい。当時まだ、ジュネーブの教会は政治的権力機構としての都市国家たるジュネーブから独立していない。カルヴァンは無用の軋轢《あつれき》をさけて、この程度で妥協した。だが、次の時代になると、かれの考えは十分生かされるようになる。

長老の制度においては、信徒の中から選び出された長老が、牧師と同格になって、むかしは牧師のしていた霊的指導のつとめに参与するわけである。在来はいわゆる聖職者が教会を代表し、信徒はいうならばその付けたりであったにすぎなかったけれども、信徒に大きい位置が与えられる。本来、カルヴァンにおいては聖職者と信徒の区別は本質的にあるのではない。信ずるものの集団としての教会の中に、いくつかのつとめがある。つとめがちがうけれども、それは資格や価値のちがいということではない。

ただし、カルヴァンの理想とした教会がたんなる民主的な教会であったと思ってはまちがいである。かれはたしかに権威主義的な教会を考えなかったが、権威のない教会を考えたことはない。キリストが教会のかしらとして権威をもっておられる。キリストの前にすべてのものはひれ伏して、己れの権威を明け渡さなければならない。だが、それとともに、すべての人が権威を放棄して、そこに無秩序をきたらせるのでなく、キリストの権威が鮮《あざや》かに浮かび出るように、教会の秩序をととのえなければならない。この権威を代表するのが牧師であり、長老である。

神政政治の思想があったか

「執事」職が第四のものである。「執事」という日本語の教会用語は原語でカトリックの「助祭」と同じである。これは「司祭」の前段階であるが、プロテスタントの執事は全く別の仕事をする。執事は教会内で金銭を扱い、管理するとともに、病人と貧困者とに仕えるのである。

キリスト教会ははじめからそのような姿勢を持っていた。原始教会の、まだ基礎も固《かた》まらず、信徒の数も少なく、教義も定まっていない段階で、教会は「愛の奉仕」を怠《おこた》りなく行なっていた。その教会が、安定するにつれてしだいに愛の奉仕を忘れ、教会に捧げられる財を、教会自身の建築や装飾のために用いるようになった。カルヴァンはそれを教会の堕落であると見る。これを本来の姿にもどし、教会が愛の奉仕をするものとなることがカルヴァンの宗教改革におけるひとつの要点であった。

以上のような体制をととのえて再出発したジュネーブ教会が、何を目ざすものであるかはすでに明らかであろう。カルヴァンは汚れのない教会を追い求めた。けれども、何ひとつ欠点のない聖者の教会を建設しようとしたのではない。そのようなことは不可能なのだ。教会はなお多くの汚れを帯びているが、日に日に罪をゆるされつつ、完全なものになる彼方を目ざすのである。それが教会の信仰であり、希望であり、愛である。カルヴァンたちは、教会がそのように信仰と希望と愛とに生きることができるように、指導し、世話する。すなわち、人々が神の言葉に真実に聞き従うことができるように、教え・戒《いまし》めることを怠りなくはたしていくのである。

カルヴァンがジュネーブにおいて神政政治の実現をくわだてたと考えている人がいる。これは正確な理解とはいえない。何よりも、カルヴァンは政治的権力の掌握を少しも望んでいない。かれ自身は晩年になるまでジュネーブの市民権を持っていなかった。まして、この市の統治権を得ようとは夢にも思っていない。かれはただ教会のために、神の言葉に奉仕し、神の言葉をして権威たらしめようとしただけであった。

ではかれは宗教上の問題に没入して、政治的なことには無関心であったかというと、そうでもない。政治というものは、人間が生きていくためには、パンと同じだけ必要なものであるとかれは考える。政治は神から人間にたまわったものである。それゆえに、権力をあずかったものたちは、これを委託したもうた神の意志から逸脱しないように細心の注意をしなければならないし、統治されている人民は自分たちを治める政治がよりよいものになることを求めなければならない。ただ、一般人民の政治への関与は、権利を要求してそれに介入していくようなあり方であってはならないとカルヴァンは考える。すなわち、一般の人々は神からそのつとめを委託されていないからである。かれ自身も、政治的なつとめを受けたとは思っていない。したがって、かれには政治的権力をとろうとする願望は全然なかった。かれが市長になって市政を指導したというようなことを書いている書物があるが、事実から全く遠い。

それでも、かれがジュネーブの市政に感化を与えたことはたしかである。すなわち、第一に説教者として、かれはジュネーブの市政にたずさわる人々を神の言葉に信服させた。次に教会の代表者として、かれは政治に譲歩すべきことは譲歩させ、教会の要求を通した。さらに政治的感覚の持主として、さまざまの助言をしている。

反対者たち

カルヴァンの教会規律の要求は生《なま》やさしいものではなかった。もともと商人の町であるジュネーブでは、気風は享楽的で、風紀も乱れていた。これを宗教改革のとりでとして再建するためには、きびしい規律も必要であったろうと思われる。

ところが、この要求はかえってある人々の反動をひきおこした。かれらはわざと教会の要求に反抗してみせる。それを喜ぶ人がまたいる。牧師たち長老たちは心をつくしてかれらを戒告する。それでも聞きいれない場合が多い。ついに長老会はかれらに聖餐《せいさん》の停止を宣告する。すなわち、キリストの教えに本心から従おうとしないものが、キリストの「からだ」にあずかる聖餐に加わってはならないのである。キリスト教的社会においては、この聖餐停止は恐るべき制裁である。とくに中世では、キリスト者の共同体と市民共同体とが密着していたし、聖餐そのものがほとんど魔術的に恵みをもたらすということが考えられていたため、教会で聖餐をさしとめられることは、社会生活におけるいっさいの保護をうばわれるのと同じくらいの意味をもった。宗教改革の教会では事情はかなりちがう。それにしても、聖餐の停止は慣習からいってこの上ない不面目であった。市の有力者で、戒告のすえついに聖餐の停止にあい、恥じあわててその行ないを改めざるをえなくなった例も少なくない。

しかし、有力者であるから、顔を利《き》かせて、聖餐の停止にならないようにと牧師たちに各方面から圧力をかける。カルヴァンたちはそこで妥協してはならない。有力者に甘い処置をするということは、教会の姿勢をくずすもとになる。どのような筋から手加減を申し入れられても、牧師たちは頑として応じない。それが市の上層の人々に悪感情を与えることもあった。

けれども、カルヴァンの説く教えに耳を傾け、「神の言葉にのみ従って生きる」と決断したところを貫こうと真剣に考える人もまたいたことはたしかである。こうして、市民の中には信仰の面で二派に分裂していたが、それとは別に、ジュネーブの町を共和制の行なわれるスイスの一都市として整えようとする人と、その熱心さを持たぬ人との分裂もあった。しかも、それになお加えて登場したのは、愛国派のはねあがった行動である。すなわち、古いジュネーブ人たちが外来者の影響を遠ざけようとした。いうまでもなく、これは「フランスからの推参者」カルヴァンへの反対運動である。

かれらは自分たちのことを「愛国者」と名乗ったが、カルヴァンた

講堂 （サン-ピエールのとなりにある）で聖書講義をするカルヴァン

ちはかれらのことを「リベルタン（自由派）」と呼ぶ。じっさい、かれらはジュネーブにおける規律の要求に反抗し、自由をとなえる。その自由とは放縦にほかならない。――ここで、リベルタンについて一言はさんでおくのがよいと思うが、カルヴァンの伝記を学ぶ人は三種類の「リベルタン」があることに注意しなければならない。ひとつは、カルヴァンとかかわりはないが、原始キリスト教会と対立した自由主義的ユダヤ教徒がそれで、新約聖書使徒行伝六章九節に「リベルテン」の名で出ている。今ひとつは、宗教改革の当時起こった、神秘主義的・熱狂主義的傾向を帯びた一分派である。オランダ地方にその運動の中心があり、聖霊による自由が与えられたということをしきりに強調していた。第三がジュネーブのそれである。かれらには宗教的な主張はない。ジュネーブの旧家の出で、新しい政治的動向について行けないものが、ひとつ覚えの「自由」を振りまわしていただけだといっても、言いすぎではない。この党派は、ジュネーブにおいてはしだいに相手にされなくなって、勢力もじり貧におちいり、ついに無謀な暴動による権力奪取を試み、その挫折とともに消滅した。一五五五年のことであるが、カルヴァンにとってかれらの存在はたいした問題ではなかった。大きい問題は、かれらの背後にあって、理論的よりどころを与えている思想家がいたということである。

自由思想家たち

セバスティアン＝カステリオン（一五一五〜六三）はシュトラスブルク時代のカルヴァンの学生であり、かれの家に寄宿していた。カルヴァンはその才能を見込んで、ジュネーブに招いてラテン語学校の教師にした。カステリオンも「キリスト教綱要」によって目を開かれ、カルヴァンに心酔していた。だが、両者の関係はまもなく破れるにいたる。

両者の衝突をとりあげた文学作品にシュテファン＝ツヴァイクの「権力と良心」がある。――権力というのはカルヴァンのことで、それに反抗した良心とはカステリオンのことなのである。――ツヴァイクがこの主題をとりあげるにさきだって、歴史家たちによるこの問題の研究史があった。それはまったくはっきりと二派に分かれている。一方の人たちはカルヴァンが権力を握って、自分と少しでも意見の合わぬものを弾圧したと考える。もっとも、この派の中には、カルヴァンがそれだけムキになって自説を固持しなければならないけわしい状勢があったのだと理解する人も含まれる。一方の人たちはそれと反対に、カステリオンに対してきびしく、両者の決裂のおもな原因はカステリオンの性格的欠陥にあると考えている。

われわれは何もかもカステリオンが悪かったと考える必要はないであろう。しかし、カルヴァンが権力を握っていたとは、どう見ても言えることではない。この問題についてはすでに触れた。

さて、カステリオンは聖書の新しいフランス語訳をくわだてていた。この原稿にカルヴァンがきびしい批判をしたことが不和のはじまりのようである。このフランス語訳はカステリオンがジュネーブを去ったかなりあと、一五五五年に出版されたが、この出版にあたってはカルヴァンが世話をしたらしい。次にカステリオンがジュネーブで牧師職につきたいと願ったとき、カルヴァンをはじめ他の牧師たちがこぞって反対した事件がある。理由はカステリオンの考えが、正しい教理を守って説教をして行くには自由主義的でありすぎ

カステリオン

るという点にある。カステリオンは旧約聖書の「雅歌」を聖書の正典とは認めず、使徒信条の中のキリストが「陰府《よみ》にくだった」との条項も信じなかった。

ジュネーブの牧師たちがカステリオンを受けいれなかったのは、大事な仕事をあずかる同僚としては不適格だったからである。牧師には人一倍きびしい課題があった。しかし、カルヴァンたちはカステリオンがジュネーブの学校教師をしていることには少しも反対ではなかった。カステリオンが勝手にやめたのである。

ついで一五四四年、しばらくジュネーブを離れてまたもどって来たカステリオンは、カルヴァンの聖書講義の最中に、かれにくってかかった。その結果、市会はカステリオンのジュネーブにおける職を取りあげ、かれはバーゼルに去った。それはたしかに、カルヴァンによる追放ではなかった。

カステリオンに性格的欠陥があったことは事実である。けれども、すぐれた才能を持っていたことも事実であり、それを生かそうと努力したカルヴァンの手紙も残っている。とくに教育に関しては、新しいすぐれた見解をもっている人であった。それにしても、両者の溝《みぞ》は本質的な意味で深すぎた。要するにカステリオンはヒューマニストにすぎなかった。だから、神の絶対的な主権による救いという問題、つまり予定論について、両者はまた後年論争しなければならなかった。

異端者セルベトが一五五三年にジュネーブで死刑にあったのち、カステリオンはまた一書をあらわしてカルヴァンを批判した。「異端者について――かれらは迫害さるべきかどうか」という、小形の一七五ページの本である。マルティヌス＝ベリウス編となっているが、これはカステリオンの偽名である。一七名の思想家の文書が編集されている。教父たち、ルター、それにカルヴァンの文章も引かれている。カステリオンの文章も収められ、幾通りものペンネームを用いて、かれの説がのべられるという形をとっている。かれはセルベトが異端者なるがゆえに殺されたということについて憤激している。では、セルベトの事件とはどういうものであったか。

キリスト教は回復されねばならないか

ルターにしてもカルヴァンにしても、およそ宗教改革者たちは教会の改革を志《こころざし》したが、それは根本的なものへの復帰であって、根本的なものの転覆《てんぷく》ではなかった。

では、根本的なものとは何か。それはいろいろな形で表現することができるが、素朴に、具体的に言えば、キリスト教がその初期において確認した原理、つまり古代教会が確立した教義である。それは要約すれば「三位一体」の教義となる。

さきにわれわれは、カルヴァンが最初のカテキズムを書いたとき、「三位一体」という文字がないということで、カロリから攻撃を浴びせられたのを見た。後年のカルヴァンは「三位一体」を固守して、反対者をしりぞける。それでは、カルヴァンの考えが変わり、初期の柔軟さがなくなったのか。——そう受けとる人もいるが、われわれはそのようには理解しない。かれの思想は、ある特定の用語を使うか使わないかで判別できるような、紋切型の発想をとらないのである。かれはひとつのことを、状況に即して幾通りにも言い換えるのをつねとする。われわれはそれらを通じて一貫している主題を読みとらねばならない。——さて、ここではくわしく論じることができないのであるが、「三位一体」ということばを使っても使わなくても、カルヴァンが一貫して主張し続けていることの中心点はキリストが「まことの人となったまことの神である」ということである。キリストは「神らしきもの」であるのではない。そして、キリストが神に近い人間ではなく、人間となった神である、ということは、われわれの救いが、徹頭徹尾神から、恵《めぐ》みとしてくるということを意味する。

宗教改革の時代に、ルターやカルヴァンたちが考えたような、キリスト教の基本線をむしろ明確にすることを志す改革のほかに、基本的なものまで否定して、キリスト教を作りなおそうとする試みもあった。この試みをしたのは、そろって自由思想家である。すなわち、ルターやカルヴァンや、またそれに従った民衆たちが、己れ自身の救いはいかにすべきかとの問題から出発して宗教改革に踏み切ったのにひきかえ、思想の自由を求めてカトリック教会からのがれ出た人たちがいた。かれはカルヴァンが自分たちと同質の人間だと考えたらしく、ジュネーブに身を寄せる人も多かった。ジュネーブにある亡命イタリア人の教会は、このようにして、カルヴァンの晩年にいたるまで、攪乱《かくらん》され続けた。もともと自由思想のゆえに祖国を脱出してきた人の多いこの教会の中に、根本的な教義である三位一体を無視する人がつぎつぎと出たのである。

しかし、亡命イタリア人の間の紛糾はまだ小規模である。ジュネーブ全体をゆり動かそうとして、反三位一体論の巨頭、スペイン人ミゲル＝セルベト（ラテン読みではミカエル＝セルヴェトゥス、フランス読みではミシェル＝セルヴェ）（一五一一〜五三）がやって来た。

セルベトの事件

セルベトは医を業とする自由思想家であり、キリスト教についても研究をしていた。一度パリでカルヴァンに会うことになっていたが、これは果たされず、ただ文通は続いた。セルベトははじめカルヴァンを自分と同じような思想の持主だと思っていたが、カルヴァンのほうではより早くから両者のちがいに気づいた。ふたりは、信仰も、思想も、生き方も、全然別であった。すなわち、セルベトは長年にわたって南フランスのヴィエンヌでこの地の大司教の侍医として生計をたてていた。そして、そのかたわら、偽名で反キリスト教的な文筆を振うことができるような人間であった。その地方ではカトリックの権力は強大で、プロテスタントたちはどんどん投獄され、火刑にされていた。それでもかれらは自分たちの信仰を表明するのをためらわなかった。セルベトはそのような実例を身近に多く見ながら、知らぬ顔をすることができたのである。

それでも、ヴィエンヌでついに逮捕《たいほ》され、尋問《じんもん》される日がきた。セルベトは自己の罪状をいっさい否認し、自分はカトリック教会の忠良なる信徒であると誓った。そのように、一時はその場をとりつくろったが、所詮《しよせん》すべてが暴露される時がくるであろうとかれは覚悟した。そこでかれは監視の目を盗んで逃亡した。その逃亡はかれの罪状を自ら認めるものにほかならない。ヴィエンヌでは不在のかれに火刑の判決をくだし、身がわりに藁《わら》人形を作って、それを焼いて呪《のろ》った。

セルベトがそれほどまで呪われたのは、かれの思想が当時のキリスト教的感覚からいって、全く途方もない冒瀆《ぼうとく》であったからである。かれはこの年「キリスト教の回復」という本を匿名《とくめい》で出版し、三位一体とは三頭の怪物であるとまで極言した。カトリックもプロテスタントもまちがいであり、自分だけが三位一体を否定することによって、真のキリスト教を回復するのだと考えた。かれ以外のすべての人が、かれに対して憤激せざるを得なかった。

この年、一五五三年八月、逃亡中のセルベトはジュネーブに姿を現わす。おそらく、ジュネーブに定住するつもりだったのであろう。かれにとっては、天《あめ》が下にジュネーブほど自分の異端説を受けいれてくれるところはないと考えられたのである。さすがに、かれもカルヴァンの好意を期待することはしない。が、カルヴァンの反対者たちが自分を受けいれてくれることは知っていた。すなわち、リベルタンたちがそれである。ヴィエンヌであれだけ卑怯《ひきよう》にふるまったセルベトが、ジュネーブでは少しも悪びれず、自説を法廷で固持したのは、心境の変化であるかもしれないが、この裁判で勝てるという自信があったからであろう。

セルベトを告発したのはカルヴァンである。ただし、名義上はかれではない。かれはジュネーブの市民権すらまだ持っていなかったから、告発の権利はない。かれの意を体した若い人が告発人になり、告発人は定めのとおり裁判の決着まで被告と同様監獄にはいることになった。カルヴァンはまた、この告発の結果がどうなるかも知っていた。すなわち、当時の刑法ではこのように異端として告発されたものは、罪状が確認されたとき、死刑の判決を受けるほかなかった。ということは、カルヴァンがセルベトを殺したことを意味するのであろうか。

シャンペルの贖罪記念碑

セルベトの死についてカルヴァンは責めを免れることができない。それゆえ、カルヴァンに傾倒してやまぬ後代の人も、セルベトの火刑の行なわれたシャンペルの丘に三五〇年のちに贖罪《しょくざい》記念碑を立ててこの改革者の過失を認めた。それはカルヴァンへの批判であるとともに、ある面ではカルヴァンの精神を継承した行為である。――教会が権力と結びついて異端者を弾圧すべきであるか。かれの答えははっきり「否」に傾く。かれの思想は宗教改革の陣営の中で、政治と宗教の分離を最も強く打ち出している。

ミゲル＝セルベト

けれども、カルヴァンはセルベトを訴えないほうが正しかったであろうか。それはかれにはできないことであった。かれは教会の仕え人として、教会のよって立つところの正しい教理を守り抜かねばならない。教会をみすみす攪乱《かくらん》する誤った教理が導入されるとき、見て見ぬふりをすることはかれにはできなかった。寛容には限定がある。自分自身が侮辱《ぶじょく》される限りは、寛容をもってそれをゆるさねばならない。しかし、ひとたび真理が冒瀆される段階になれば、沈黙は共犯なのである。カルヴァンは沈黙しなかった。その段階ではかれはジュネーブ市会のうちにまだ圧倒的多数の支持者をもたず、むしろ大勢はかれに批判的ですらあった。セルベトの告発はかれ自身をも危地にさらす冒険であった。

市会ははじめ確固たる見解をもたなかったので、同盟している諸都市に問い合わせを出した。返事がぼつぼつ返って来た。全部がカルヴァンと同意見であった。カルヴァンに対し日頃好感をもっていないベルンでさえそうであった。人々はようやく、カルヴァンが偏狭《へんきょう》な執念にとらわれているのでなく、事がらが実に重大だということに気づいた。それに気づくやいなや、かれらは急にセルベトに対して憎悪をつのらせて、今度はカルヴァンを驚かせた。カルヴァンはセルベトが死にあたるものだとは思っていたけれども、火刑は無用の憎悪であると見た。そこで、火刑をやめさせる努力を仲間の牧師たちとともにはじめたが、決定をくつがえすだけの力はかれになかった。異端者の火刑は当時の通念だったのである。

セルベトにとって判決は全く意外であった。かれは自分が無罪になってジュネーブの宗教改革の主導権をとり、カルヴァンが有罪になるとばかり思っていたのである。この死刑囚を慰めて、最後の悔《く》い改《あらた》めをさせるために、ヌーシャテルからファレルが呼ばれた。最後の朝にはカルヴァンも市会議員をふたりつれて会いに行った。監房の中でセルベトは胸を打ち叩《たた》いて「ミセリコルディア、ミセリコルディア（憐《あわ》れみたまえ、憐れみたまえ)」と絶叫していた。次にかれは気をとりなおしてカルヴァンの顔を見、ゆるしを歎願した。カルヴァンは個人的に感情を害して告発したのでないことの諒解を求め、最後の努力をして、かれに自らの誤りをひるがえさせようとしたが、セルベトはついに考えを変えなかった。ファレルも記録している。「かれは胸を打ち叩いて恵みを祈り、神に呼ばわり、キリストに祈りを捧げ、キリストを救い主、いなそれ以上のものとして認めた。けれども、かれはキリストのうちに、神の子を認めず、ただ時間のうちに生きる人間を認めるのみであった。」

死刑はその日、一〇月二七日に執行された。セルベトは最後に「永遠の神の御子にいますイエスよ、われを憐れみたまえ!」と叫んだ。それがかれの死の瞬間の回心を意味するのか、それとも、最後まで執拗《しつよう》に、イエスを「神の永遠の御子」と呼ぶことをこばんだととるべきか、われわれには判断がつかない。

ヨーロッパ全土への貢献

セルベトの告発事件のあたりを境にして、ジュネーブにおけるカルヴァンの地位はほぼ安定したものになる。リベルタンの勢力も、無謀な武装蜂起《ほうき》によってかえって自滅した。一五五五年以後には、ジュネーブ市はおおむねカルヴァンに信服している。

これまでカルヴァンの指導に従ってきたことが結果から見て、政治的にも正しかったという理解ももたれるようになった。たとえば前述のセルベトの事件のとき、かれを有罪にした人たちは全く知らなかったのであるが、セルベトの指導のもとにリベルタンがジュネーブの政権をとって、この町をフランスに渡す画策がなされており、フランス軍隊はすでに用意をしていたのである。それは共和政治の危機であり、近代民主主義の成否の分岐点でもあった。——そのようなことがあるが、カルヴァンは政治的指導者でなく、また、そうありたいとも願わなかった。かれは政治の根本にあるべきものを養おうとしていた。

そういうわけで、一五五五年以後といえどもかれは市政の実力者ではない。一五五九年までは市民権ももたない。だがたしかに、五五年以後、市政との交渉はずっと多くなる。それは戦いの分野がちがってきたからである。これまではジュネーブの中で宗教改革を確立する戦いであったが、その段階は一応終わって、ヨーロッパ全土における宗教改革を推進する戦いへと展開したのである。

とくにカルヴァンが祈りをもって努力したのは、かれの祖国フランスの教会のためであった。かれが去る前からそうであったが、フランスではプロテスタントに対するきびしい弾圧が続いていた。殉教者と亡命者がおびただしく出たが、フランスのプロテスタントの数はいっこうに減らなかった。

他国の事情と比較すれば、フランスは特殊である。たとえば、ドイツではプロテスタントはまだ多数者ではなかったが、プロテスタントの領主の君臨する領土内では圧倒的多数者である。そこでは教会と国家の権力とが結びついていた。ジュネーブでも同じ事情である。ところが、フランスにおいては、プロテスタント教会は国家の権力とは分離された形で、ときには、国家権力と対決する状況の中で、自己を形造って行かねばならなかった。それは近代国家における教会のあり方を示す先駆であった。しかも、もう一面のことを見ておかねばならないが、国家と無関係に、ときには国家と対決した形で宗教改革をした人たちがほかにいたのである。たとえば、再洗派がそうだし、ドイツ農民戦争の農民たちがそうだし、一人で一派をなしている自由思想家の宗教改革がそうであった。これらのラディカル＝リフォーメーション（急進主義的宗教改革）の人たちは、それぞれにグループなりセクトなりを作りはしても、教会を建設していこうとはしなかった。それにひきかえ、フランスのプロテスタントは、ラディカルな要素やヒューマニスティックな要素を包容しつつ、しかも教会を建設する方向をとったのである。カルヴァンのフランス＝プロテスタント教会に対する積極的なかかわりの姿勢には、祖国に対するかれの愛情とともに、ジュネーブでは果たされなかった理想をフランス教会に託そうとする悲願がうかがえる。すなわち、かれが来る前にすでに出発していたジュネーブの宗教改革は、その後の長年の死闘によって宗教改革の典型となりはしたが、政治とのつながりを清算した純粋な形をとることができなかった。

ド＝ベーズ

一五五九年に組織化されて正式に教会として発足したフランスの改革教会は、カルヴァンの起草した「信条」と「教会規則」とをもって、全く新しいタイプの教会を歴史のうちに示すのである。

ジュネーブの大学

一五五九年といえば、カルヴァンの生涯においてもうひとつ書きおとすことのできない事件の起こった年である。ジュネーブに大学が開設されたのである。当時十数万の人口しかもたなかった小都市ジュネーブが、ひとつの大学を開設するのは、かなり無理なことであった。それを敢《あ》えて実行に移したのは、カルヴァンの説得に市会と市民とが共鳴したからにほかならない。

当時のジュネーブは画で見てもわかるとおり（五九ページの挿画参照）城壁で固められ、水中にも柵《さく》をもうけて外敵の侵入に対抗していた武装国家である。侵略の危険は、この都市が宗教改革の拠点として確立されたことによって、ますます増大していた。したがって、ジュネーブは、自己を防衛し、自己の民主政治を防衛し、さらに宗教改革を防衛するためには、他の面を犠牲にしても、国防を強化するほかないと多くの人人は考えるであろう。われわれの時代の政治家の感覚ならばそういうことになる。文化や、教育や、学問研究に関する国家予算は大幅に削《けず》られて、国防費に振り向けられる。ところが、カルヴァンにはそのような考えはなかった。かれは軍備によって守られる国家よりも、国民の知性の高さによって守られる国家のほうが本物であると考えていた。

大学のための出費が市民の生活を圧迫したことも考えに入れなければならない。市民は理想をかかげて高い文化をもって生きようとすれば、質素な生活に甘んじなければならなかった。われわれはここでもう一度、われわれ自身の周囲を眺めわたし、おびただしい消費文明の渦の中に埋没しそうになっている精神文化の悲劇との対照を思わなければならない。

宗教改革はもちろん宗教の改革であって、そこに高邁《こうまい》な平和国家・文化国家の理想が織り込まれているわけではなかった。しかし、ジュネーブにおける徹底した宗教改革は、新しい国家の理念をおのずから生み育てずにはおかなかった。今日でも、ジュネーブは平和と文化に関する国際的な機関の中心地となっているが、そのようなジュネーブの性格は、一五五九年に作られたのである。それの生みの親はカルヴァンである。

ジュネーブ大学にはもうひとつの使命があった。それは、宗教改革の神学の最高の教育と研究の機関となることである。すでにヨーロッパ各地から、カルヴァンを慕って勉学に来ている人たちが多くいた。その教育はとりあえずなされていたのであるが、いずれ、組織化された学校制度によって行なわれねばならなかった。

初代の学長にはカルヴァンの年少の友人であるテオドール＝ド＝ベーズ（前出六二ページ）がなった。かれは名実ともにカルヴァンの後継者であり、この良き後継者を得ることによってカルヴァンの宗教改革は永続した堅固さをもったのである。ほかにも協力する学者たちがいた。カルヴァンもその大学で講義を持った。

大学の学則を作ったカルヴァンも、その他の教授たちも、みな人文主義の教育を受けて来た。したがって、この大学では人文主義の学問と福音主義の神学との結びつきが行なわれた。ということは、神学が教養主義に妥協していくことを意味するものではない。カルヴァンの流れを汲《く》む神学は、こののちもきめて峻厳《しゅんげん》に「ただ神の栄光のみ」を目ざすものであるが、それは人間の文化や教養を破壊するものではなく、異教的な古代文化をも排除しなかった。そして、カルヴァン系の教会においては、伝統的に、高度な人文的教養を積み、神学的水準も高いことが牧師に要求されることになる。

教会の一致を目ざして

カルヴァンはよく手紙を書いた。それらは美しい友情のあらわれである場合もあるが、使命を感じて積極的・意志的に書かれた手紙が多い。各地の宗教改革者、権力者、また迫害のもとにある無名の信徒に、かれは手紙を書き送っていた。そのうち失われたものが多いが、残っているものも少なくない。

かれが使命を感じて積極的に手紙を書いたその状況はどういうものであったかといえば、宗教改革が重大な危険にさらされていたのである。カトリック側は初期の打撃から立ちなおり、反撃に転じていた。一五四五年以来トリエント公会議が開かれて、カトリックの結束は強まり、体制は整えられていた。反動の急先鋒をつとめる「イエズス会」がさかんな活動によって失地回復につとめていた。ドイツではプロテスタント陣営の旗色は悪く、指導者ルターは死に、後継者の間には仲間割れが起こっていた。シュトラスブルクにおけるブーツァーたちの宗教改革も、政策の犠牲となって消滅し、ブーツァーはイギリスに行かざるを得なくされていた。

カルヴァンはそういう状況の中で、各地の宗教改革に励ましを与えるとともに、かれらがばらばらに割れていかないように、一致をうながした。ただ、ルター派の中では、ルターの没後、カルヴァンと近い関係に立つのはメランヒトンを代表とする一部の人たちだけで、あとの人々はおおむねカルヴァンに反感をもった。イギリスではエドワード六世の時代、摂政サマセット公はカルヴァンに非常に接近し、英国国教会へのカルヴァンの影響が大きかったが、その後メアリー女王によるカトリックの反動によって、この影響は挫折する。その他の国々では、宗教改革はジュネーブと直結していた。スコットランドはジョン＝ノックス（一五一三〜七二、亡命中の数年をジュネーブで過ごした）の指導のもとに、長老制をもった教会を作る。フランスの教会のことは説くまでもない。ベルギー、オランダ地方の宗教改革の旗印としては、ギイ＝ド＝ブレ（一五二二〜六七）がフランス信条の影響を受けて「ベルギー信条」（一五六一年）を作った。ポーランド貴族の出身であるヨハンネス＝ア＝ラスコ（一四九九〜一五六〇）はカルヴァンに傾倒し、ポーランド、フリースランド、およびロンドンにおよぶ幅広い感化を残した。ドイツではプファルツ侯フリードリッヒ三世がカルヴァン派に改宗し、カルヴァンの弟子たちに「ハイデルベルク信仰問答」（一五六三年）を作らせた。スイスにおいては、ドイツ語系スイスを代表するチューリッヒ教会と、フランス語系のジュネーブ教会とが「一致信条」（一五四九年）によって一致を確認しあい、統一ができた。以上のようにして、ばらばらの形でなされていた宗教改革が、大きくまとまって来た。こうして、ドイツおよび北ヨーロッパに限定されるルター派と、全ヨーロッパにまたがるカルヴァン派と、イングランド一国だけに限られ、カトリック的要素も多く残し、カルヴァンの影響もまた受けている英国国教会にまとまった。

ここでカルヴァン派といったものは、正式にはそう呼ばないで「改革派（リフォームド＝チャーチ）」とい

ジュネーブにある宗教改革記念碑（左から，ファレル，カルヴァン，ド＝ベーズ，ジョン＝ノックス＝スコットランドの改革者）

う。ルター派とちがって、指導者の個人名を表面に出さないところにその気風がある。ところで、リフォームドというのは「リフォーム（再形成）された」という意味であり、リフォーメーション（宗教改革）を経たという意味では必ずしもなく、宗教改革をした教会のうち、カルヴァンの流れを汲《く》む人たちだけがその名称をかかげる。正確にいうと、これは「神の言葉によって改革された教会」の省略形なのである。教会においては、つねに神の言葉が権威をもち、この言葉のもとで教会は絶えず改革され続け、自己の原理や自己主張をいつも砕かれる。そのような形で諸教会の一致が実現するということをカルヴァンは呼びかけたのである。

著作活動の概要

若い時から克己《こっき》心をきたえたかれは、いつも自分に鞭《むち》をあてながら、なすべき仕事をつぎつぎと片づけていった。著作だけが仕事ではないが、著作もこの調子で、刻苦勉励しながら書き上げたものである。人並みはずれた才能をもっていたことも事実であるが、それとともにかれの異常な努力を認めなければならない。

「キリスト教綱要」だけでも前後五回稿を改めている。しかも、第二版以後はこれをフランス語に自ら訳している。新約聖書のほとんどすべてと、旧約聖書の大半についての注解書およびそのフランス語訳がなされている。そのほか、いろいろな機会に書かれた論争の書がある。教育のために書かれたものもある。

これにさらに書簡集と、かれの説教の筆記とを加えるならば、カルヴァンの全集が完成するわけだが、完全な全集はまだない。それでも、今ある全集すら、人の一生の間に書き上げたとはとうてい思えないほどの厖《ぼう》大な分量である。それをかれは五五歳で死ぬまでの間に書き上げた。

かれの聖書注解の執筆ぶりを見ていると、長期にわたる執筆計画のもとに、一貫して書き続けられていると感じられる。けれども、カルヴァンにはもう一面で、長期計画にもとづかない、その場で急に思い立ったり、書かざるを得なくなって筆をとったりしたこともある。むしろ、そのことのほうに重きがおかれているのではないだろうか。かれは「綱要」のはじめにアウグスティヌスから引いて「わたしは進歩しつつ書き、書きつつ進歩する人のひとりであることを告白する」ということばをかかげている。かれは考えの成熟するのを待って筆をとる人ではなく、筆をとりながら考えた。そして、筆をとったのは論争のためであった。その尊敬するアウグスティヌスが生涯に幾種類もの論争をしたように、カルヴァンも論争を重ねた。そのたびに「キリスト教綱要」の内容が増していったわけだが、かれの神学はこのように対論する神学であった。

ただし、カルヴァンは議論のための議論は好まない。かれが若いころパリで教えられたスコラ神学は、議論のための議論をいかに手ぎわよくやるかの技巧であった。かれはそのような、たましいに迫ってこず、読む人の何の益にもならないような議論は進んで放棄した。そのようなわけで、かれの書物は読む人をひきつけ、実に多く読まれたのである。たとえば「キリスト教綱要」はたいてい毎年重版していたし、いくつかの出版社から同時に発行されていたのである。

肉体を倒す病気と精神にうちかつ精神

若いときに勉強しすぎて体をこわしたカルヴァンは、その後も肉体に無理を重ねて仕事をしたために、つぎつぎと病気の箇所をふやし、病気におかされない箇所は体のうちに残っていないほどになった。

一五六四年二月二日は大学における講義の最後の回となった。次の日曜日、六日の説教の途中で呼吸が困難になり、かろうじてこれをつとめ終えた。以後かれが説教壇に立つことはもうなかった。翌々日、かれの病気を心配しているモンペリエのふたりの同信の医学者アントワーヌ＝サポルタと、ギヨーム＝ロンドルとに手紙を書いて、自己の病歴を知らせたものが記録として残されている。そこでは一〇ばかりの病名があがっているが、友人ド＝ベーズはなおいくつもの病名をつけ加える。

カルヴァンは病床にあっても口述を筆記させて著作活動を続けようとした。病気だからといって怠惰《たいだ》であることは許されないというのがかれの考えであった。フィリベール＝サラザンという名の医者が心をこめて治療したが、生命の火は日ごとに小さくなっていく。そして、カルヴァンは死期をおくらせようとは願わず、無為《むい》なままで生きのびることを恥じていた。肉体の苦痛がとりさられることよりも、その苦痛に負けない精神をもつことがかれの願いであった。病床でかれの口からしばしばもれるのは「主よ　いつまでですか」との詩篇のひとふしであった。このことばは、フランスにおける迫害の情報が続々ともたらされたとき、懊悩《おうのう》のきわみにあったかれの口からかつて漏《も》れたものである。

四月二日は復活節であった。かれは椅子で運ばれて礼拝に出席し、ド＝ベーズの説く説教を一語一語聞きとり、聖餐《せいさん》を受け、賛美歌も会衆といっしょに歌った。それがかれの教会に行く最後であった。その月の二五日にかれは遺言状を作って、遺産の分配をとりきめている。遺産といっても、蔵書がほとんどであり、かれはそれを売り払って学校と、亡命者とに寄付し、親族の子たちに分配するようにと指示している。

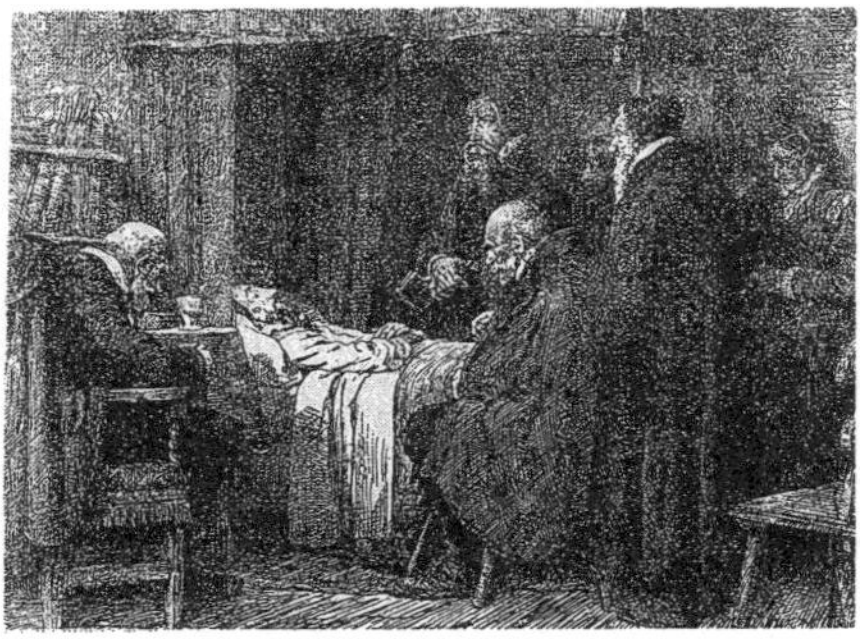

病床で訣別するカルヴァン

死が確実に接近したことを予感したかれは、四月二七日、ジュネーブの市会議員と告別のあいさつをするために、市庁舎を訪れることを通知した。議員たちは恐縮し、かれらの方からそろってあいさつに来た。カルヴァンは礼儀正しく、これまでのことについて感謝し、なすべきことが多くあるのに果たすところきわめて少なかった点、また、時として度をすごして激しく怒ったのをかれらが忍んでくれた点について、率直にわびた。しかしまた、かれは神からゆだねられている教理を純粋にまた真実に宣《の》べ伝えるつとめにかけては、あくまで妥協のない戦いをしてきたことの意義を確認する。そして、さらにかれらの将来についての忠告が続いた。繁栄と平和にさいしては慢心してはならない。逆境においては神への望みと信頼を失ってはならない。この共和国を維持するために神から与えられた尊い権威を腐敗させないようにし、神に仕えるようにと勧告する。かれはなおことばを続けて、具体的な点にわたる諸注意事項をのべ、誘惑と戦うべきことをさとし、最後にもう一度、自己の欠点をゆるしてくれるように懇請した。かれが神に祈りを捧げて、議員のひとりびとりと別れの握手をしたとき、かれらはみな泣いた。

二八日にはジュネーブの牧師たちと訣別のあいさつがかわされた。次のようにかれは言った。

訣別のあいさつ

「兄弟たち、わたしの死後、現在の事業をやり抜いていただきたい。決して意気沮喪《そそう》してはなりません。なぜなら、主なる神はこの共和国とこの教会とを、敵のおびやかしのもとから救ってくださるでしょうから。あなたがたの間から不和をとりのぞき、互いの愛をもって受けいれ合いなさい。あなたがたがこうやって配置されている教会に、どれだけの義務を負っているかを、くりかえしくりかえし考え、あなたがたをこの教会から引き離すものが何ひとつないことをわきまえて下さい。あるいは、倦《う》み疲れた人には、いわば坑道を伝うようにして逃げることが安易な道かもしれませんが、神をあざむくことができないのを思い知らされるでしょう。わたしがはじめてこの市にまいりましたとき、なるほど福音の説教だけはなされておりましたが、事態は混乱の極に達しており、まるでキリスト教とは偶像を転覆させることであるかのようで、少なからぬものらが神を冒瀆《ぼうとく》し、それらの人からわたしも最大の恥辱を浴びせられました。しかしながら、主なるわれらの神は、このわたし——すなわち、ありのままを申しますが——生まれつき全く大胆さのないわたしを強くしてくださったので、わたしはかれらの企てに対して決してためらうことがありませんでした。そののち、わたしはシュトラスブルクからこちらに戻ってまいりましたが、実りがむなしいのではないかと思われて、気が進まぬながら、召命《しょうめい》[1]に従ってきたのでした。というのは、主が決定しておられることに無知であったため、事態はただおびただしい極度の困難に満ちていたからでした。けれども、このつとめを遂行して行くうちに、主がわたしの労苦を祝福してくださるということがやっとわかってまいりました。そのようなわけですから、あなたがたもその召命に固くとどまり、定められた秩序を守りぬいていただきたい。そして同時に、人々を教えへの従順にとどまらせるように骨折っていただきたいのです。というのは、邪悪で頑迷《がんめい》な人たちがまだいくらかいるからです。ごらんのとおり事態はまず良好に落着いております。それだけに、もしあなたがたの怠慢《たいまん》によって人々が倒されることがあれば、あなたがたは主の前においていよいよ罪の重いものなのであります。しかし、兄弟たちよ、わたしはあなたがたと真実かつ純粋な愛のきずなによって最も深く結ばれて生きてまいりましたが、今やあなたがたとお別れする

1) 召命とは神から召され、呼び出されることをいう。信仰を持つのも召命によるし、使命を持って生きるのも召命による。信仰者にとっては職業も神からの召命であることを、宗教改革は明らかにした。

わけです。もしこの病気の間に、わたしが気むずかしくなっているのをお感じになることがあったとすれば、どうかおゆるしください。またわたしは、わたしの病臥中みなさんがわたしのために重荷を負ってくださったことを深く感謝いたします。」

大いなる日没とともに

五月になった。病状はいよいよ悪化した。しかし意識ははっきりしており、かれはその意識で自己と戦い、病気の苦痛に耐えぬいた。そのとき、老ファレルがかれに会うために来ようとしているとのしらせがカルヴァンの耳にはいった。カルヴァンは筆をとって、老体をわざわざはこぶに及ばぬこと、これをもって別れとすることを書き送った。これが絶筆となる。それでも、ファレルはジュネーブまで来て、一晩とまって、帰って行った。

五月一九日にかれはまだ生きていた。その日、牧師たちの相互検討の会がある。かれはその会に身柄を運ばせ、こんどこそ最後だといった。そして、友人たちを悲しませぬように笑顔を作った。その顔は、やせおとろえて見るかげもなかったが、不思議な安らぎが満ちていた。その日からもう、起きあがることはなく、ただ精神力だけがかれを支えた。その力がとぎれる日、かれの生命も失われた。それは五月二七日。この日、やや元気をとりもどしたように見えたが、それは最後の努力であった。テオドール＝ド＝ベーズがこの日も病床を訪れ、少しことばをかわして帰ったが、その直後、カルヴァンはこの世を去った。この日の日没とほぼ同時であった。

その死は日没のごとくであったが、かれの死とともに宗教改革の凋落《ちょう》をきたすことはなかった。かれの死後のことをここに述べるのは省略するが、ただひとつ言っておきたいのは、かれの死後も、反動はおこらなかったということである。かれの生と死をかけた真実に、ジュネーブの人たちはひとしく信服したのである。

Ⅱ　カルヴァンの思想

神と人

われわれはカルヴァンの生涯を語る第一部の中に、かれの思想をかなり多く織り込んだ。およそ思想というものは、その人の生きた生き方と、そのたどった歩みとを抜きにしては、理解できないし、学ぶ意味もないものであるが、このことはとくにカルヴァンの場合にもっともよくあてはまる。そのようなわけで、この第二部において新しく語らねばならないことはあまりない。われわれは、さきに述べられたことに体系的なまとまりをつけていけばよいであろう。

結びあった二つの認識

カルヴァンの思想を、体系的に語ろうとするとき、まず「神」からはじめるのが正常な手続きであろう。かれ自身、主著「キリスト教綱要」において、自己の思想をまとめるとき、神から説きおこした。カルヴァンに限らず、すべてキリスト教の思想家の思想は、体系化するとき、神についての章をまっ先きに立てなければならない。なぜなら、最も本質的なものを最初に論じるのが論法の定石《じょうせき》であり、神についての思想こそは、キリスト教思想における最も本質的な中心点だからである。

カルヴァンも神中心に考える。それはかれの生活と行動とが、神中心になっていたのと軌を一にしたものである。キリスト教において、それはごくあたりまえのことである。ところで、神をまず考え、その次に神によってなされるわざを考えるという順序は、われわれが数学においてまず「公理」を考え、それをもとにして「定理」を立て、そこからさらに「系」を考えるという順序と同じでは決してない。神をまっさきに考え、神についての考えを確立し、その次に神によって作られた世界や人間について考え、それらを規定し、そこからさらに進んで世界の救いや人間の救いを論じるというようなことを、少なくともカルヴァンはしない。

カルヴァンは「キリスト教綱要」の第一篇第一章第一節で「神を知る認識と、われわれ自身を知る認識とは、たがいに結びあったものであって、分割することができない」と説いている。どの一点が中心かというならば、われわれ自身についての認識は神を知る認識に場所を明けわたさなければならない。これは、われわれの人生において、自分自身のいかなる責任や、いかなる自覚があろうとも、結局は神の前に自己を明け渡すほかないのと同様である。そのように、窮極には一点に中心が帰するのではあるが、焦点としては二つあるというべきであろう。いわば、二つの焦点をもった楕円《だえん》のようであり、一点を中心とした円ではないのがカルヴァンの思想である。

ここで思いおこすのは、一点を中心とする「円」タイプの思想に二種類があったということである。その一種は中心に神を置く。神を中心点とした円形の思想の典型として、われわれは中世のスコラ神学をあげることができるであろう。もう一種の思想は中心に人間を置く哲学がそれである。「なんじ自身を知れ」というソクラテスも、「わたしは考える。ゆえにわたしは存在する」というデカルトも、観念論者と唯物論者

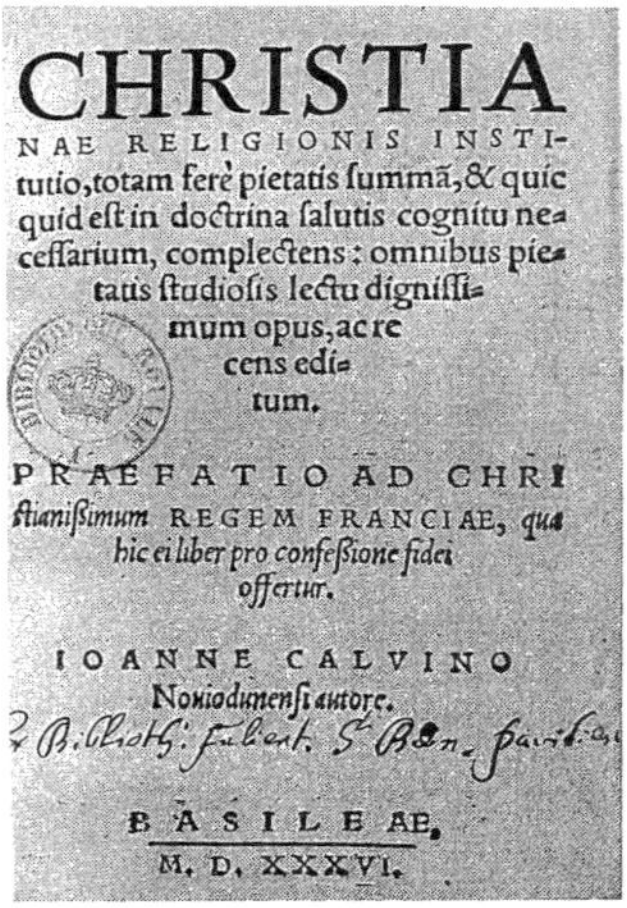
CHRISTIA
NAE RELIGIONIS INSTI-
tutio,totam ferè pietatis summã,& quic
quid est in doctrina salutis cognitu ne-
cessarium, complectens: omnibus pie-
tatis studiosis lectu dignissi-
mum opus,ac re
cens edi-
tum.

PRAEFATIO AD CHRI
stianissimum REGEM FRANCIAE, qua
hic ei liber pro confessione fidei
offertur.

IOANNE CALVINO
Noviodunensi autore.

BASILEAE,
M. D. XXXVI.

「キリスト教綱要」扉

の別なく、哲学者はみな一点から考えはじめ、円形にその考えを広がらせて行く。

われわれは哲学思想を批判しているのではない。哲学は哲学としての存在意義を持っている。カルヴァンも哲学には深い愛着をもっていた。それでも、かれのたずさわるのは哲学ではない。宗教である。哲学ならば、一点を中心にした円を作っていけばよいが、宗教においては、楕円のように、「神」と「人」という二つの焦点がある。――その意味において、神を中心に置きはしても、一点の中心しか持たないスコラ神学は、宗教というよりもむしろ哲学に近いといえるであろう。

人間の悲惨と栄光

人間はなぜ、自分自身について知ることと神を知ることを並び立てねばならないのであろうか。それについてはカルヴァンは語っていない。けれども、これは興味ある問題であろう。中世の人たちが、スコラ神学の論法のように、まず神について――人間自身について認識や意識を読み込まないで――考え、やがて人間自身を考えるようにくだってくる道程に満足していたのとくらべると、大きいちがいが感じられる。カルヴァンはやはり近世の人間である。というよりも、近代人に近いといった方がよいのではないだろうか。かれは、神の前でも自己自身であろうとしたパスカルやキルケゴールと同系列の人間なのだ。

人間についてのカルヴァンの認識は、次の三つの点からとらえられる。第一に、かれはヒューマニズムの持つような人間観を一応持っている。神観に何もかも吸収された萎縮《いしゅく》した人間像をかれは考えず、人間性の価値は認める。しかし、第二の点として、かれが人間観察に重きをおいたために、かえって人間の悲惨さを知らねばならなかったことを指摘しておきたい。かれは中世の人が考えたよりもはるかに深刻に人間の問題をとらえる。しかも、かれはただ人間の関心が深くて、それの「栄光」と「悲惨」とに注目するだけではない。第三の、最も大切な点として、かれは神との関係における人間をとらえる。実は、この点こそが、人間の栄光と悲惨の原点になっているのである。

創造者としての神

カルヴァン研究の歴史を調べてゆくと、その研究史そのものがすでにひとつの精神史・思想史をなしていることに気がつく。時代時代でカルヴァンへの関心も評価もことなるのである。一八世紀はカルヴァンに対して最も無関心な時代である。一九世紀もそれに続くが、一般の無関心とは別に、特殊なカルヴァン研究家が、例外のようにではあるがかなり数多く現われている。ところで、そのような時代とは、つまり、人間中心的な思想の全盛期なのであるが、その時代の人たちはカルヴァンの人間観をあまりにも暗いとしてしりぞけた。はたして人々がカルヴァンを正確に理解したかどうかは人問題であるが、カルヴァンの思想の一面にそのような人間観があることは争えぬ事実である。こうして、人はカルヴァンを嫌った。ところが、二〇世紀になって事情はまた変わった。二〇世紀の人間は、カルヴァンが人間の悲惨を論じるのを読んでも、奇異に感じることはないし、嫌悪《けんお》感をもよおすこともない。現代人は自己の悲惨にすでに気づいている。だから、カルヴァンを忌避《きひ》することもそれだけ少なくなった。二〇世紀におけるカルヴァンへの関心は、一九世紀におけるそれとくらべれば飛躍的に高まっている。

けれども、二〇世紀の思想がこの宗教改革者に近づいたというならば、それは全く軽率な受けとり方である。二〇世紀の人間は、カルヴァンが徹底的に人間を無力な陰惨なものとして描くところに出会っても、躓《つまず》かなくなったというだけである。かれが神との関係における人間を論じているのに、現代人は共感をおぼえることはないであろう。だが、現代人もやはり、カルヴァンと同じように、動かないところに視点を据えてかからねば、人間の問題をほんとうの意味では把握できないし、人間の回復という課題に積極的に取り組むこともできないのではないだろうか。

さて、神との関係における人間を、カルヴァンはまずどのようにとらえるであろうか。かれは人間をまず、神の被造物としてとらえる。これは、裏返しに言えば、人間との関係における神を、まず創造者としてとらえるということである。――今われわれは、ここで「まず」ということばを二度繰り返した。「まず」といったのは、この次に(実はそれこそが本格的な問題点なのであるが)また別のとらえ方をしなければならないことを含んでいる。

キリスト教において、神を創造者として説いていることは、周知のとおり最も基本的な線である。聖書は第一ページに神の創造のわざを述べているし、キリスト教会が古代以来となえてきた信条でも、冒頭に神を「天と地の（あるいは、見ゆるものと見えざるものとの）創造者」として告白している。「創造」は「製造」でない。材料があって、それに加工するのが製造であるが、創造は材料なしに「無から」なされる。材料を用いて作るばあい、製作と作品とは材料によって規制されるが、無からの創造は何によっても拘束されない全く自由ないとなみである。創造は神のみのなしうるわざである。聖書のはじめの創世記一章一節で「はじめに神は天と地を創造された」というとき、聖書は「創造する」ということばを特別な用語として性格づける。すなわち、この原語は、神を主語とする場合以外には使わない動詞なのである。

天地創造の神話をもっている宗教は少なくない。世界が、また宇宙がどのようにして成立したかの問いに答える素朴な解答として、かの神話がある。時代が進めば、人はもう神話にはあきたりなくなり、世界観を持つようになる。世界観としての創造の思想は、今日においてもやはり信奉されている。発生と発達についての解明は、むかしの人の考え及ばなかったほど進んだのであるが、それでも、ものごとの存在の一番はじめまできわめようとするとき、創造者によって無からの創造が行なわれたとする思想を据えなければおさまりがつかないと考える人は多い。

創造ということを最も強く主張する宗教思想はキリスト教であり、キリスト教の思想家の中でもとくにカルヴァンにこの考えが確立していることはよく知られている。しかし、カルヴァンにとって、創造は思想の問題でなく、信仰の問題であり、頭で考えている概念でなく、かれの生の中に牢固《ろうこ》として位置を占める生きた・力ある原理であった。

思想の原点

神というものがあって、それが天と地とを作ったとすれば、宇宙の存在についての説明はつく。カルヴァンはそのような説明を求めない。創造者なる神がおられるということが人間の人生にとってどのような意味をもつかを問うのである。

無から有を作り出した神の前に立つとき、人は自分の価値を無に等しいとは感じても、あらゆる意味において無なるものではありえない。すなわち、人間は神の前にも、神によって作られた自分以外の被造物に対しても、どこまでも責任を言いのがれることができない存在なのである。――カルヴァンの思想において、この点がきわだって明らかであるのは、社会における、あるいは社会に対する責任意識であろう。カルヴァン主義の感化を受けた国民とそうでない国民、とくに創造の思想を持たない宗教（たとえば仏教）に養われた国民との、社会に対する意識をくらべてみれば、このことはよくわかるのである。創造者を信ずる人は、ものごとについて諦《あきら》めることを知らない。たとえば、社会を良くしようとして何かのことをはじめるとする。はじめのうち、そのような良い行為は自分に満足を与え、張り合いを感じさせるであろう。しかし、まもなく問題の困難さにぶつかるのである。気負い立ってはじめた勇気は、このようにして挫折《ざせつ》する。わたしたちはこういった例を若い人たちのうちに数多く見てきた。

かれらがついに諦《あきら》めてしまうのは「虚無」、あるいは「無」というものに突きあたるからである。社会を良くしようとして、仕事にとりかかったのであるが、いくつもの困難を経験しているうちに、そのことの価値や意味がわからなくなってしまう。それとともに、「良いことをしてやろう」と思っている自分自身の意味もわからなくなる。かれらは自分自身の内にも、自分をとりまく世界にも、虚無が支配しているのに気づく。虚無に対してはもう立ち向かう勇気も出てこない。——こうして、この人は、なるがままに流されて行く人生を送る。

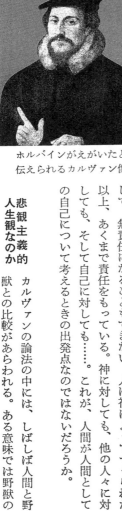

創造者を信じるものには、このようなことは起こらない。なるほど、虚無の影はいつもかれの人生にさしこんで来る。けれども、「無からの創造」を信じるものにとっては、「無」はすでに克服されたものなのだ。だから、あきらめることはできない。「無」であることを口実にして、無責任になることもできない。人は神によってつくられた以上、あくまで責任をもっている。神に対しても、他の人々に対しても、そして自己に対しても……。これが、人間が人間としての自己について考えるときの出発点なのではないだろうか。

ホルバインがえがいたと伝えられるカルヴァン像

悲観主義的人生観なのか

カルヴァンの論法の中には、しばしば人間と野獣との比較があらわれる。ある意味では野獣の方が人間よりも幸福そうであり、野獣の方がその本来の生き方にかなって生きている。とはいえ、人間は野獣にまでなりさがることによって幸福をとりかえすべきだとは言えない。人間は人間としての道を前に向けて突き破ることによってのみ、自分の行き詰まりを打開するであろう。人間としての意識を後退させ、問題意識をなくすことによって、問題を解消しようとの試みはゆるされない。人間はあくまでも、野獣とちがって、自分に対して自分であり、他に対しても自分として生きるという線をつらぬいてこそ、人間である。それは、神の前に自分として立つことから出発する。人間のいっさいを決定するのは、神との関係なのだ。

さて、神との関係において、創造者としての神の位置が確定しているならば、被造物としての人間の位置も確定している。人間は決して人間以上のものになることができない。無から有をつくり出した神がおおいなるものであればあるだけ、無からしかつくられていない人間は小さいものであり、ただ神によってのみ無への埋没をまぬかれている存在である。——これも、聖書の基調となっている教えであり、聖書はこれを、人は土のちりからつくられた(創世記二章七節)、そして「ちりだから、ちりに帰る」(創世記三章一九節)と表現している。キリスト教はこの点を強調する。そしてカルヴァンにおいては、この強調が最も鮮明である。かれは人間の責任という面は徹底的に強調する。けれども、もう一面において、かれは人間の徹底的無価値を論じている。それでは矛盾かというと、そうではない。人間が無でなくして何ものかであり、何らかの存在意識をもっているのは、神の恵みによるのである。すなわち、人間はそれ自身としては何ものでもなく、神の恵みによってのみ何ものかである。それでは——とわれわれはさらに問わねばならない——人間は神の恵みに浴して、ひとたび何ものかになったならば、以後はずっと、その価値を持ち続けるのであろうか。キリスト教のある人たちは、そのような持続的な価値を考える。神の恵みをうけた以上、人間の価値を肯定的・積極的に考えようとする。そのような傾向はかなり巾広くあらわれている。けれども、カルヴァンはその考えを受けいれない。かれは人間の価値を神の恵みのもとにおいてしか見ない。神の恵みを顧慮せずに見るとき、人間については全く否定的な見方しかできないということをかれは固《かた》く信じている。だから、カルヴァンの人生観と世界観が、全く悲観主義的なものであると評する人はたくさんいる。それは必ずしもまちがってはいない。ただし、かれがつねに神の恵みに目を向け続けていたことを忘れないかぎりにおいてである。

カルヴァンがそうであったように、神の恵みをつねに生き生きととらえようとする人は、人生を決して悲観的には見ない。神の恵みがある限り、人生は明るいのである。たとえ、死の蔭の谷を通らねばならぬときがしばしばあったとしても、全体としての人生は明るいのである。それゆえ、希望をもって忍耐をすることが、人生の具体的な知恵である。それでは、神の恵みのもとで人はどのように生きているのであろうか。

運命か摂理か

摂理ということばがある。英語ではプロヴィデンスだが、これは「プロ」すなわち「前もって」ということばと「ヴィデンス」すなわち「見ること」ということばの合成語である。やがて起こるべきことを、神があらかじめ見とおしておられ、さらに決定しておられるという思想をあらわすことばである。

人生にはさまざまの出来事がおこる。なるがままに流されて行く人にとっては、とりたてて言うほどのことはないかもしれない。しかし、人間は自己意識というものをもっているから、自己の願望や自己の善意や自己の努力が無にされるとき、はげしく「なぜか」という問いを発する。この自己を無視するような、そしてしばしば当然そうなるべき成り行きをさえくつがえすような、自分を越えたあるものがあるということを考える。たしかに、人生とこの世のことがらは、原因と結果の関係だけで説明しつくすことはできない。そこで人はよく「運命」という考えを持ち出して、ことがらを解釈する。

なるほど、運命ということばを持ち出せば何でも割り切れる。不幸に会うのも運命だし、他の人が幸福なのも運命だし、彼と我とのちがいも運命として、諦《あきら》めることができる。もし諦めないで、他の人をうらやんだり、自分の不幸を悲しんだりしていては、不幸はさらに大きくなる。けれども、運命という考えをとりいれることによって、ことがらを一応割り切ることはできるし、心の悲しみや怒りの波立ちを一応おさえることはできるのであるが、それは過ぎ去ったことに対してのみ有効であって、まだ起こっていないことに対する姿勢は何もでてこない。さらに、それはいろいろのことがらの解釈には便利であるが、積極的に何かを遂行して行こうとするとき、妨げにこそなれ、支えには少しもならない。たとえば、貧困な人がいる。あるいは自分が貧窮している。それが運命なのだ、といえばそれまでである。諦《あきら》めが解決になる。だが、それは解決というよりは、問題からの逃避ではないだろうか。運命論の解釈に甘んじている限り、わたしを貧困にしている原因はいっこうになくならない。それだけならまだいい。わたしの隣人が貧困に苦しんでいるとき、それを運命として甘受させるだけで、その原因になっている社会悪をとりのぞこうとしないことは、欺瞞《ぎまん》ではないだろうか。

キリスト教では運命ということばは使わない。それはキリスト教用語ではない。ややそれに似たことばとしては「摂理」がある。これは実は本来キリスト教の用語だったのではない。この考えはストア哲学のものであった。すべてのことがらは、それが生起する以前にあらかじめ定められていたのだ、と哲学者は説いた。カルヴァンもストア哲学をかなり深く学んだのであるから、この説をとりいれたことはもちろんであるが、カルヴァンよりずっと以前、ほぼその形成期から、キリスト教神学は摂理ということばをよく使ってきた。だから、摂理の強調がカルヴァンの思想の特色だとみることはできない。

それにしても、摂理についての考えは、カルヴァンと次の世紀のカルヴァン主義者の中に生き生きと脈うっている。それは、「摂理」を単にものごとの解釈として用いるのでなく、摂理によって、それを信じて、積極的な人生を生きたからである。カルヴァンたちが「摂理」ということばをむやみに使ったと見てはいけない。かれは摂理をなす神との関係のうちに生きたのである。

創造と摂理

神の創造だけを説いて、摂理については重点をおかない考えもあり得る。すなわち、ものごとの一番はじめに関しては、神による無からの創造を論じるほかはない。が、いったん世界はできあがると､ちょうど時計職人の手を離れた時計のように､それ自体に内蔵されている装置によって動きはじめ、動き続けるのではないか、と考える人も多い。そうなると神はもういらない。神は死んでしまってもいいし、ひるねをしていてもよいことになる。つまり、神は世界観を一応ととのえるためには必要だが、現実の生とは特にかかわりのないものとなるわけである。カルヴァンはそのような考えを極力しりぞける。

創造と摂理とを結び合わせるのは、カルヴァンにとって、思想や理解の問題ではない。かれはひたすら生ける神を問題にする。生ける神を信じるものは、創造と摂理の神の力のもとに安らうのである。

摂理ということの中に「見る」という意味が含まれることはさきに説いた。ここでもう少し触れておかねばならないのは、その「見る」が単なる「見る」ではないことである。日本語でいうならば「面倒を見る」の「見る」である。神は、起こるべきことどもを予見しているだけではない。なおまた、起こるべきことを計画のうちに定めて、それらを支配し・誘導するだけでもない。神は単にすべてを見抜き、知りぬいておられるだけでなく、その目はいつくしみに満ちている。神の摂理とは、したがって、深い配慮であって、ただものごとが神の意中において決定しているということではない。

カルヴァンが「摂理」の意味を深く読みとったのは、哲学書からでもなく、人生経験からでさえなかった。かれは聖書からこれを学んだ。とくに､旧約聖書創世記二二章からである。ここには､聖書を読む人たちによく知られており、一六世紀のプロテスタントがとくに真剣に愛読し、また、カルヴァンの後継者のテオドール゠ド゠ベーズが戯曲に作って一六世紀文学の記念碑として残した、アブラハムの犠牲奉献の物語がしるされている。神はアブラハムに「あなたの愛するひとり子イサクを燔祭《はんさい》（祭壇の上で火で焼いて神に供えること）として捧げよ」と要求される。老年になってから、ようやく神の恵みによってひとり子ができたのに、その恵みの実は取り上げられようとするのである。信仰とは神への服従だとしてきたアブラハムにとっては、この要求をこばむことはできない。しかし、要求どおりにひとり子を捧げてしまえば、かれの信仰を支えていた恵みは何ひとつない。かれは煩悶《はんもん》する。しかし決断する。「神みずからが備えてくださる。」……これがアブラハムの到達した信仰の境地であり、神もイサクのかわりに捧げられる小羊を用意しておられたのである。ラテン語聖書は、この「神が備えてくださるであろう」というところを「デウス(神)プロヴィデビト(『備える』《プロヴィデオ》の未来形)」と訳すが、このプロヴィデオこそ、さきにあげた「摂理——プロヴィデンス」の語根なのである。(ただし、カルヴァンは聖書を自分で訳すとき、別の動詞「プロスピキオ」というのを使ったが、意味は同じである。)

イサクを捧げるアブラハム
（レンブラント筆）

摂理を信ずるとは、神が配慮して備えてくださるとの確信に生きることを意味する。それは患難にあっても、へこたれない人生である。すべてのことがともに働いて、益となることを信ずる勇気ある人生である。

神について、カルヴァンはもっと多くの重要なことを論じているが、この書物ではそのほとんどを省略しようと思う。限られたページの中で、理解のできるまでこの内容を解説することは不可能だからである。ここで眼を転じて、人間をもう少し深く観察しよう。すなわち、さきに、神によって創造されたものと見たその人間をである。

罪と死

人間は神によって最高の被造物として創造された。人間は他の被造物と同列に並べられてはならない尊厳をもっている。神は他の被造物も同じように無から造られたのであるが、だからといって、人間を動物や無生物などと同じに扱うことはできない。人間のみが被造物の間でひとり「神の形」なのである。——「神の形」というのは、旧約聖書創世紀一章二六、二七節にしるされていることばである。これは人間にとって最高の栄誉の表現である。その栄誉が照りはえる「神の形」は人間のどこにあるのか。カルヴァンはそれを人間の精神にあると見ている。

ところで、最も尊厳なものとして創造された人間は、その尊厳をはじめのままに維持したのではなかった。罪への没落が起こった。こうして、人間はもはや栄誉を保つことはできず、栄誉があっただけそれだけ、大きい汚辱《おじょく》と悲惨の中に突きおとされた。それゆえに、今やわたしたちが人間についての自己認識を掘り下げるならば、もはや人間を単に、創造者によって尊く造られた被造物——神の形——というだけでは、把握しつくせないのに気づくであろう。いや、人間は被造物のうちもっとも悲惨である。人間が神の被造物であるとの認識は、たしかに順序としては第一に来るべきものであろう。けれども、人間自身の固有な認識といえば、それは自己自身の悲惨についての認識である。現実に尊厳さを喪失してしまった人間にとっては、自己の悲惨を知ることによって、かろうじて人間たるの存在意義を保つほかはない。

人間が自分自身についての自覚を深刻に抱く機縁となるのは、死との直面である。死によって限界づけられている生を知るとき、人は自分というものをはじめて深くとらえる。それまで意義ありと思われていたものに、死の影がさして来ると、その意義ははかなくも消え失せてしまう。そのようにして、古今東西の多くの人たちは、死を考えることによって、より高い生への飛躍を求めて宗教の門を叩いた。しかし、人間の自覚がもっと純化された段階では、素朴な「死の恐怖」にとどまることはできない。それはさらに内面化されて、「罪の意識」になる。内面的に深めれば、死というものは罪の払う代価なのである（新約聖書ローマ人への手紙六章二三節参照）。このことをもう少し説明しよう。

死というものを考えるには、いろいろな道があるであろう。自然科学の立場で、つまり人間を一個の生物として、その死を考えるのもひとつの考え方である。そこでは、生物の死も、人間一般の死も、わたし自身の死も、すべて同列におかれてしまう。そして、その考え方だけに立っている限りは、「自己自身についての認識」とかかわりのないところにいるのである。そこでは、たとい死についてどんなに研究を進めたとしても、確かな認識というものは獲得できない。わたしたちはやはり、自分自身の死と生とを、かけがえのないものとして究明しなければならない。

科学が死をドライに、そっけなく扱うのに対し、文学や哲学ははるかによく人間の死の特殊性をとらえることができる。だが、そこで死が美化されてしまうのは問題である。死の問題の深刻さを、底の底まできわめることをしないで、高貴なものにすりかえてしまうのである。したがって、そこでもやはり、死すべきものとしての自己自身の認識は、確実なものとはならない。

自己自身についての認識は、神認識から出発しなければならないとカルヴァンは言う。実はこの二つの認識は相互にからみ合い、またそのようにからみ合った形においてこそ、成立もし展開もする。がしかし、順序立てて言うならば、神認識が先だつ。神の前でこそ自己自身ははじめてとらえられる。死の意味をわたしたちがはじめて本格的に知るのは、神の前においてである。そして、そこでは、死イコール罪なのである。

律法の要求

神と対決する位置にまで進み出ないときも、人は自分の弱さや、むなしさ、はかなさというものを感じる。だから、古今東西の賢人の多くはそのような知恵を説いた。さらに、今少し道義の感覚をもっている人ならば、人間の悪の根の深いことまで見たのである。だが、その感覚は罪の意識と同じものではない。

罪とは、弱さとか、善の不足というようなものではない。カルヴァンはしばしば「本性の倒錯《とうさく》」ということばを用いる。プラス面で水準に達していないのではなく、マイナスなのだ。つまり、人間の本性は神に向かうべく価値高きものとして創造されたが、その本性が無に没して、ゼロになったのでなく、倒錯し・逆転して、反価値に・マイナスになっている。それが罪なのである。

もし点数が足りないというだけなら、努力によって水準を回復することもできるであろう。けれども、こと罪に関しては、努力する余地はない。努力すればするほど、かえってマイナスがふえて行く。罪の問題の解決は、それゆえ、善き行ないの努力にあるのではなく、抜本《ばっぽん》的な意味における人生の方向転換にしかない。それほど、人間の罪は徹底して深いのであるが、その真相が明らかにされて行くのは、神の要求、すなわち律法の前に立たされるときである。

哲学者は神の存在を考える。しかし、キリスト教信仰がとらえている神は単なる存在ではない。無限大の存在というものでもない。中世のスコラ神学は神をたんなる存在として知的にとらえる傾向をもったが、中世末期からは神を意志的人格としてとらえなおす考えが復興する。カルヴァンがとらえた神はとくに意志の神である。意志的な神は要求をもつ。その要求が旧約聖書の律法のうちに具体的に明記されている。そして、その要求は一言でいうならば「聖」であることの要求である。

人はこの聖なる意志の力に直面するとき、聖でない・汚れはてた自己自身の姿を照り出され、その不潔と悲惨とを思い知らされる。たとえば、律法の中に「殺すなかれ」という命令がある。[1)] では、殺人を犯しさえしなければよいか。そうではない。イエス＝キリストはマタイ伝五章二一節以下で、殺しさえしなければよいのでなく、兄弟に対して怒ることも、ののしることも、兄弟との不和をそままにして神に礼拝することも

1）これは殺人を禁じたものであって、いわゆる殺生《せっしょう》を禁止しているのではない。仏教の殺生戒にあたるものはキリスト教にはない。人間は必要に応じて動物を殺してもよい。人間は被造物のかしらだからである。しかし人間を殺すことはいけない。人間は神の形を持っているから。

いけない。それだけではなく、敵をも愛さなければいけない、と説く。そこでカルヴァンは言う。悪徳をさしひかえることが徳なのではない。悪徳に逆《さか》らう義務がある。したがって、「殺すなかれ」の命令の真意は、われわれが隣り人の生命を積極的に・なし得る限り守り支えることにある。もしわれわれの隣り人が（隣り人の中にはすべての人が含まれる）傷つけられているのに、それを見ていても見ていなくても、知らないふりをし、あるいは知らないままで通そうとすることは、殺人の共犯者となることである。……そのように見てくるならば、律法の要求にしたがうことがいかに困難であるかが明らかになるであろう。その要求がきびしいだけに、それによって明らかにされる人間の罪は大きい。それはまさに倒錯である。要求に答える答え方が足りないのではなく、要求に対する全面的不服従、神への反抗、それが罪である。

罪の中にある文化

ではいっさいの人間的ないとなみをカルヴァンは罪にまみれた、呪《のろ》われたものとして見ているのか。これについて一言しておこう。キリスト教の中には、人類の文化のいとなみの価値を認めない考えもある。その考えの人たちにとっては信仰だけ、あるいは信仰にかかわる行ないをすることだけが意味あるものである。狂信的な人たちはおおむねその考えに傾く。その反対の、文化主義的な考えのキリスト教もあることは知られているとおりである。

カルヴァンはもちろん文化主義の考えをもってはいない。「この世のことは過ぎ行く」のである。この世の文化や文明の生み出すどんな美しさも、偽りの美にすぎない。絶対的な基準を知ったものは、その基準に照らして醜悪でしかないものには、もはやあざむかれない。だから、文化至上主義というような思想は出てこない。

けれども、人間がどんなに堕落し、神にそむいても、やはり神との関係は消え失せていない。すなわち、人は神を捨てたつもりでも、神は人をとらえ、特別な恵みの賜物をそれなりに与えておられる。それゆえ、人間は罪の中にあっても、真理をある程度、ある意味においてとらえ、文化を形成してきた。哲学者、論理学者、医学者、数学者、法学者などの学問や業績、また、人類がもつ技術を無視することはできない。また、政治にたずさわるものがこの世の秩序を維持することは、決してよこしまでなく、むなしいことでもない。信仰のない人のうちに、神は救いのわざこそは行ないたまわないが、他のわざを行ない、真理のいくぶんかをさとらせておられるのであるから、信仰のないすぐれた人物の働きを無視してはならない。ただし、それらの働きも、永遠的な基礎の上に据えられているのではないから、流れ去り・消え失せることを免れない。

要するに、罪からの救いに関することでは、人間の知恵も努力も、いっさいは無価値である。けれども、救いに関すること以外では、人間のいとなみはある程度の意味をもつ。むしろ、人間の人間たるゆえんを発揮した努力をしないのは、神に対する冒瀆《ぼうとく》であり、怠慢である。つまり、人は、罪と悲惨の中から救われねばならないものとしては、救いにかかわるにふさわしいかかわりをする。すなわち、信仰に生きる。しかし、神によって被造物のかしらとして創造されたものとしては、それなりの尊厳を保って、努力をする。もっと

カルヴァンと親しかったメランヒトン

も、この努力はいわば括弧の中でいとなまれ、括弧の外にははっきりマイナス符号がついているのである。

二重の神認識

では、倒錯であるところの罪から、人間はどのようにして立ちなおることができるのであろうか。

人間が本来善であって、ただ善なる素質を伸ばすことができないでいるというだけならば、教育によって正常な状態にまで育て上げることができるかもしれない。……遺憾《いかん》ながら人間は、本来そのような善を持っていない。また、本来、善が少なく、悪が大きいとしても、努力によって悪を克服することはできないか。……これもできない。なぜなら、完全な倒錯状態におちいっているので、善なることは残っていないからである。なすことすべてが罪である。善《よ》かれと志してなす努力も、それの実りも、ことごとく罪なのである。――人間のうちには、自分の救いについての絶望しか残っていない。では、絶望すればそれを契機として何かが出てくるか。……何も出てこない。

救いはただ、われわれの外にしか求めることができない。では、われわれの外に救いがあるのか。われわれは自分の内部のことで絶望しなければならないばかりでなく、外部のことでも絶望しなければならないではないか。ところが、そうではない。われわれを救うものがある。それは「神」である。創造者である神は、今や、あらゆる面に行き詰まって絶望しているものの前に、御自身を「救い主」として示される。したがって、「創造者」としての神を知る認識に重ねて、救い主（贖《あがな》い主ということばを使った方がもっと正確である）としての神を知る認識が加わる。この二重構造ができるとき、神認識は、はじめて本格化する。人間の自己自身についての認識が、神によってつくられた被造物というだけの弁《わきま》えであっては足りず、罪に落ち、死の悲惨のうちにとじこめられたものとして自己をとらえるにまでいたらねばならないのと、ちょうど対応している。

それにしても、神ははたして救い主なのか。神は全《まった》き聖潔を人間に要求された。そして人間はそのごく一部をみたすこともできず、むしろ、全面的に反逆した。それでは、神はこの反逆者に対して怒り、呪《のろ》い、これを審判にかけて滅ぼすのが当然ではないであろうか。律法において語られている神は、往々にしてそのような性格に見うけられる。

だが、神はやはり愛の神であり、救いの神なのである。なぜそれがわかるかといえば、神はイエス＝キリストにおいて御自身を救いの神として差し出しておられるからである。いま、われわれはカルヴァンの思想の最も大切な点にさしかかっている。カルヴァンの思想を神中心の構造を持つものと解して、必ずしもまちがいではない。神中心に、人間の創造を理解し、罪への堕落を理解し、また、神中心に罪からの救いを理解すれば、よくすじが通る。だが、理論を体系化するだけならば、神中心の線を押し通してよいが、信仰は理論の体系ではない。あらゆる理論の起点になりうるような原理をもってきて据《す》えたとしても、生きた、血のかよった信仰にはならない。カルヴァンは生きた、現実的な信仰に生きた。かれをそのようにしたのは、絶対的な原理としての神を発見したからではなく、キリストを発見し、キリストにおいて神を知ったからである。このキリストを原点として、かれの思想は展開をはじめる。

キリストと人間

神の永遠の言葉

神を知るためにはいくつかの道すじがあるように思える。よく人は、荘厳な自然の風景に圧倒されたときなど、それの背後にある偉大な超越者を思い、畏敬《いけい》の念をいだく。あるいはまた、道端の野草の花一輪をとって、その中にひそむ造物者のわざのたくみさを見るとき、言い知れぬ神秘な驚きをおぼえるであろう。さらに、自分自身のうちに深くくだって行って、そこに支配している良心の法則というものに思いをひそめるならば、その良心のめざし求める神的なものを考えないではおれない。また、人は歴史のあとをふりかえってたどり、そこに歴史を支配するものがあるのを感じとる。このようにして、人々は神の存在を否定することができないのをおぼえるのである。

カルヴァンはしかし、そのようにして神認識にいたる道の積極的な意義を考えていない。消極的な意味で、すなわち、そのようにしても神を知ることができるのであるから、神とその意志とを知ろうとしないものは、言いのがれる余地はない、という意味でだけ、これらの道すじは認められる。かれ自身は、それらによらずに、もっと明確に神を知る道をもっていた。それは聖書である。カルヴァンが聖書にどれほど沈潜し・固着したかについては、その生涯がわれわれに多くの材料を提供している。かれは人々に自然を通しての神認識を決してすすめない。

ところで、聖書によって神を知るのは、神が聖書を通じて語りかけておられると実感されたからであるが、そのような生《なま》の体験をカルヴァンはひとつの理論にまとめる。すなわち、聖書に聞くとは、聖書の中心点であるイエス＝キリストに聞くことにほかならない。だから、カルヴァンは聖書の権威を非常に重んじるのであるが（これはカトリック側で教会の権威を第一のものとし、教会の権威によってきまったことを絶対化したのに対する反論である）、それは聖書に書かれた文字をただ固守するということではない。聖書において、生きたキリストがさし示されるからこそ、聖書の一字一句は意味をもち、権威を帯びる。

聖書の中心点がキリストだという見解は、カルヴァンにはじまるものではない。それはキリスト教の、さらにいうならばキリストの本来の主張である。ヨハネ伝五章三九節にキリストのことばとしてしるされているが「この聖書はわたしについて証《あか》しをするものである」。そのように、何も新しい見解ではないのであるが、キリスト教ではそのことがさほど重んじられない場合がときどきあった。すなわち、新約聖書の中心点がキリストにあるということが疑われたときはほとんどないが、旧約聖書の中心もキリストであることが、同じように強調されたとはいえない。むしろ、旧約聖書はキリスト以前のものとして、キリストの不在を示し、キリストが不在であってはいかに事態が不幸であるかを理解させ、キリストを待ち望ませるためのものであると考えられる場合が多い。

カルヴァンも、人文主義の学問をした人間であるから、旧約聖書のことばを何もかもこじつけてキリストに結びつけるような無理はしない。しかし、キリストに出会って、キリストからいのちを受けたものとして、聖書のすべての生命的なことばが、キリストを伝えてくれるものであることを知っていた。旧約聖書の中から、かれはキリストへの飢《う》え渇《かわ》きだけでなく、キリストによって満たされる充実をも読みとったのである。なぜなら、キリストは神の永遠の言葉だからである。キリストをおいてほかに、神が人々に語りかけたもうことはない。

人間イエス＝キリスト

サン＝ピエール教会内部
（奥の左手にカルヴァンが説教をした説教壇が見える）

キリストが神の永遠の御《み》言葉であるということも、キリスト教の固有の主張である。ヨハネ伝一章一四節に「言葉は肉体となり、わたしたちのうちに宿った」とあるが、永遠の言葉が有限な肉体となったこと――これを受《じゅ》肉《にく》という――、それがナザレのイエス、すなわち、ローマ皇帝ティベリウス在位の第一五年に、年およそ三〇歳で宣教活動をはじめ、約三年ののちエルサレムのゴルゴタの丘で十字架につけられた人であること、これはキリスト教が一歩も譲ることのできない主張である。カルヴァンもその線上に立っている。

　このイエス＝キリストが神であるか人であるかをめぐっ

て、古代のキリスト教会にははげしい論争があった。ある人々は、イエス＝キリストは神のごときものであるとは認めたが、神であり、永遠なものであるとは認めなかった。論争のすえ、キリストが永遠者より出た永遠者であり、神と本質をともにすることが確認された。それが第四世紀のキリスト教会の最大の問題であり、このようにキリストが神であると確認することによって、以後のキリスト教会の性格もきまったといってよいであろう。ただし、キリストが神であるとの教義はその段階ではじめてつくられたものではなく、原始教会以来の信仰をただ成文化しただけである。

キリストが神であることを否定するものは、このようにしてキリスト教会から異端者として閉め出されたのであるが、またひとつの危険が起こって来て、そのことで第五世紀の教会が論争をかわした。すなわち、キリストが神であるという面にだけ強調点をおき、かれが人の子であったことを軽んじる危険である。論争のあげく、キリストは「まことの神にして、まことの人」という確認に落ちついた。

カルヴァンがキリストを神として信じていたことはいうまでもない。キリストがまことの神であることを信じないものはセルベトのやからであり、リベルタンであり、神を冒瀆《ぼうとく》するものであると考える。しかし、もう一面、キリストがまことの人、われわれと同じ血肉をまとった人間であったことに、カルヴァンは非常に力点をおく。その強調の程度はたしかに類が少ない。

キリスト教の外側にいる人たちにとっては、キリストを神と見るには大きい抵抗がある。が、キリスト教国においては、そのような考えはごくあたりまえなのである。人々はキリストを、上から示された、人間の形をした神として仰ぎ見る。だが「まことの人」としてキリストをとらえるものは、単に上にキリストを仰ぐだけでなく、自分たちの側に、自分たちの仲間のひとりとして、かれをとらえる。実は、そういうとらえ方ができなければならない。そうでなければ、キリストにおいてもたらされたものは、結局、人間の頭上に高くかかっているだけで、人間の現実の把握にはいたらない。人はただ向こうがわにあるものにあこがれるにとどまり、こちらがわでそれをとらえ、それによって今の生を生きることにはならない。カルヴァンがキリストを永遠なるまことの神としてとらえるだけでなく、われわれと同じ肉体をもって同じ地上の生を生きられた人の子としてとらえたことは、単に古代教会の教義の踏襲である以上に、現実的な意義をもつのである。

現在するキリスト

はるか昔、遠い国にいたキリストが、どうして今、ここに来て、われわれに恵みをもたらすことができるのであろうか。われわれが聖書を開いて、そこでキリスト像をかなりよく読みとったとしても、それは証言を重ねあわせて、キリスト像の再構成、いわばモンタージュ像を作るにすぎないのではないか。

もし、キリスト者が、はるかな彼方にあるキリストを空想し、追憶し、憧憬《どうけい》しているだけであれば、キリストに寄せるかれらの思いは美的なものとなるではあろうが、キリストを信じる信仰が、いや、さらにいえばキリストそのものが、かれらの現実の生活を充実させることはできないであろう。かれらは現実の生活から逃避して彼方に行く限りにおいて、かれらの宗教心を満足させることができるだけである。——そのようなわけで、すべて真剣なキリスト者たちは、いかにしてキリストと現実に出会って生きるかの道を求める。そして、その道はいろいろに試みられる。たとえば、キルケゴールはキリストの「同時性」という一点の強調にかれの実存を賭《か》けた。パスカルは「イエスの秘義」という断章の中で美しくこれを描いた。「イエスは今にいたるまで苦しみたもう。……」アッシシのフランチェスコ（一一八一—一二二六、聖者といわれる人の典型）もまた、キリストの間近に、かれのすぐ後に続こうとした。かれの傷痕がフランチェスコの手足にあらわれるほどまでに……。そのような、かなり熱っぽい、そして多少なりとも神秘主義（神を直接体験によってとらえようとすること）の傾向を帯びた打ち込みは、局外者からは冷やかに見られるだけであろうが、信ずる本人にとっては生死をかけた重大な点である。

カルヴァンももとより、キリストを現実に把握する。ただし、かれには神秘主義の色彩は最も薄い。かれは「言葉」に固執するのである。キリストは今も「言葉」において現在となりたもう。なぜなら、かれは「永遠の御言葉」だからである。

ここで「言葉」と言ったものは、おもに、教会で語られる説教のことである。説教は、書かれた言葉である聖書に対して、語られる言葉である。宗教改革者たちはみな、聖書の権威を非常に主張したが、同時にかれらは説教の権威とその力とを力説している。カトリックが教会の制度や、そこにおいて行なわれる秘跡《サクラメント》（プロテスタントでは「聖礼典」と訳する）に本質的なものを見るに対し、宗教改革者たちは説教に本質を

16世紀のシュトラスブルク

見、そして、説教について論じるのでなく、実際に充実した説教をするためにすさまじいまでの努力をしたのである。かれらが語った説教の具体的な形は、聖書のことばのときあかしである。

カルヴァンが聖書に「読み込み」をすることを極力さけたのは、すでにかれの生涯について触れたところで見たとおりである。聖書のことばを引いて、それを強引《ごういん》にこじつけるのではない。むしろ、かれの説教は諄《じゅん》々と、また淡々と説くタイプのものである。それでも、その説教を通じて、キリストそのものが伝達される。なぜなら、「言葉」が語られるところに「聖霊」がともに働くからである。こうして、その説教はもはや単なる聖書の講解ではなく、キリストや信仰についての講話でもなく、キリストそのものからのコミュニケーションとなる。

この問題については、あとでも二回とりあげよう。信仰について、教会について論じるところにおいて。（一五六ページ、および一六八ページを見よ。）

キリストとの交わり

カルヴァンの書物の中には、聖書のことばがおびただしく引かれているが、聖書のどこを、かれはとくに愛好したであろうか。「キリスト教綱要」だけで調べあげて見ると、コリント人への第一の手紙一章三〇節後半の引用回数がずばぬけて多い。「キリストは神に立てられて、わたしたちの知恵となり、義と聖とあがないとになられたのである」。この句の引用回数が最大だということは、この句で言わんとしていることが、かれにとっての最大関心事だったという意味であろう。

キリストがわれわれの義である。そのキリストがわれわれに与えられた。それゆえに、われわれは義である。……つまり、キリストがわれわれを越えたところでひとり聖であり・義であるのではなく、われわれのもとに来て、義と聖とあがないとを、われわれの側に立って、われわれのために獲得された。カルヴァンはパウロとともに、キリストのあがないのわざがわれわれの間で起こったということに重点をおくのである。

キリストが神であると信じる立場に立てば、かれの奇跡も、かれの復活も、当然のこととしてうけいられるであろう。だが、キリストの復活の事実があったと承認するだけで何になるであろうか。そのような事実を承認し・確信するだけが信仰なのではない。それよりも大事なことは、キリストの復活が、われわれをもそれにあずからせるために、われわれの側で起こったということである。すなわち、キリストが神として復活されたことよりも、人として、人間のために復活をかちとり、人間の中に復活をもちこまれたことのほうに重点をおかねばならない。

キリストを単に仰ぎ見るだけではいけない。もとより、かれを仰ぎ見ることは大切なのである。かれが

「主」であり、主権者であることをカルヴァンは強調してやまない。だが、キリストがわれわれを離れて、単にそれ自身としてのみ存在することを考えても、ほとんど意味をもたない。すなわち、キリストは永遠なるものであるから、われわれがいなくてもキリストがいる、という場合は当然あるわけだ。けれども、人間が不在のままでキリストを考える考えは、理論としては成り立つけれども、われわれの現実の生に対する意義はない。それゆえ、かれを高いところに祭り上げて、かれとの距離を置いて生きるのではなく、かれとともに、かれとの交わりのうちに生きることが大切である。この「キリストとの交わり」がカルヴァンの神学思想における非常に重要なテーマなのであり、カルヴァンの思想と実践の全領域に「キリストとの交わり」のテーマの展開が見られる。

人の罪とキリストの十字架

人はいろいろにキリストを見ている。したがってまた、キリストについて特に重視する点もちがっている。ある人々はキリストの教えに感動する。あの山上の垂訓（マタイ伝五章—七章）のように純粋・崇高な教えはほかにない。またある人は、キリストの自己犠牲的な誠実な行動に心を打たれている。こういう人たちはイエスを高度の倫理家、あるいはヒューマニストと見、その教えを実践し、その模範にならおうとする。

キリスト教の正統派に属する人々はそのような見解はとらない。キリストが模範だという点にはあまり重きをおかない。キリストの生涯にも、その教訓にも、特別な重要さは見ない。重要なのはキリストの「死」

である。そしてキリストは倫理家ではなく、贖罪者《しょくざいしゃ》（罪をあがなうもの）なのである。カルヴァンも正統派の考えをうけついでいる。

さきにカルヴァンの生涯を見たとき、カルヴァンの先輩が教会の一年間のさまざまな祝祭日を一挙に廃止し、クリスマスまで廃止したことに触れた。それでも、かれらには復活節と、その前週である受難週だけは守った。このことは、かれらの教理においてどこに重点がおかれたかを考えさせる。すなわち、クリスマスにおいて記念される受肉よりも、キリストの苦難と死と復活の方が大切なのである。――もっとも、この推論はいささか問題を含む。というのは、カルヴァンの教理においてキリストの昇天は重点のひとつではあるが、「昇天日」を守ることはされていないという、反面の例もあるからである。――ともかく、キリスト教の西欧の精神史で、人々の精神を最も純度高く結晶させたのは伝統的にキリストの苦難であった。そのあらわれをわれわれは西欧の芸術に見ることができる。他宗教の人の心にも何か迫るものを感じさせるキリスト教芸術は、美術ではキリストの十字架像や埋葬の像であり（グリューネヴァルトの十字架像や、ミケランジェロのピエタを見よ）、音楽では受難曲（バッハのマタイ受難曲を見よ）ではなかったであろうか。――いま西欧のキリスト教だけを問題にしている。東欧のキリスト教においては事情は全く別である。

キリスト教徒の目が苦難のキリストに注がれるのは、悲劇を見るためではない。かれらは己れのうちに深く沈潜《ちんせん》して、己れの罪を見詰め、罪の深淵の中から、この罪をあがなうために苦しみを忍んだキリストを見上げた。人生の悲しみや、きびしい自己意識は、純化されて十字架のもとに包容される。キリスト教の思想はそのような歩みをたどったのであるが、カルヴァンは全くその流れに属する。

人が罪あるものとしての自己認識に達せずにはおれないところで、罪意識が律法の要求を契機として成立することは前述したとおりであるが、その罪が本来の深みをもって完成された意識にとらえられるのは、十字架のキリストと対面するときである。人は自己の罪を指弾するものに面してではなく、自己の罪に対して責任をとって、それを引き受けて、それのための代償を払ってくれたものの前で、罪の真相をとらえるのである。

では、なぜキリストの十字架が罪人の罪とかかわりをもって来るのであろうか。

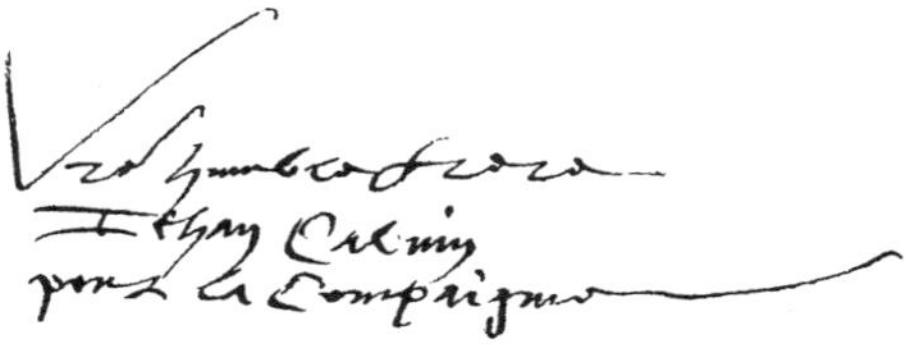

カルヴァンの筆跡
（２行目がカルヴァンの署名）

罪の代償の大きさ

キリストが、ゆえなくして死刑にあったことは、ひろく知られているとおりである。策略をもうけてかれをなきものにしようとしたのは、ユダヤの宗教的指導層であった。かれらはかれらなりの熱心さから、イエスを殺すのが自分たちの使命であると感じていた。この計画にユダが加担した。民衆も煽動《せんどう》によって引きずりこまれた。ローマの総督ピラトも、その策略に気づいておりながら、多数者の意志にさからうことを恐れて、死刑の判決をくだした。ローマの兵卒たちは、情容赦もなく十字架刑を執行した。そして弟子たちはイエスを見すてて逃げた。……このように見て行くと、イエス＝キリストの死にかかわりがないと言えない人の数はずんずんふえて行く。それらの人々の性格を少しくわしく見てゆくならば、われわれは、自分も問題の圏外に立つのではなさそうだと気づきはじめる。

だが、物語に登場する人々の性格を手がかりにして、自分がそれと同類の人間だと感じたとしても、キリストの死がわれわれ自身にかかわるものであるということが本当にわかるわけではない。キリストがわれわれのために死なれたとの確認は、信仰においてこそ成立する。

罪ということばは、しばしば負債という同義語で置き換えられる。さきにも触れたとおり、それはプラス面の不十分さではなく、マイナスなのである。罪を性格の弱さや、たましいの病的状態や、行為の不完全さの程度にしか考えないところでは、負債の意識は成立しないかもしれない。だが、人格と人格との関係の中では、罪は負債であろう。たとえば、われわれが貧しい隣人に粗末な食事をあてがって、自分は美食するとすれば、それは親切が不十分だということではない。それは「己れのごとく隣人を愛すべし」との債務の不履行なのである。良いことをし足りないのではなく、悪いことをしているのである。

罪は特に神との関係においていわれることであるから、この負債は神に負うものである。つまり、われわれは、神に負っているものを返債しなければならない。弁償しなければならない。ところが、その弁償はできないではないか。借金ならば、人一倍働いてそれを返せばよい。だが、神に対しては、人一倍善行にはげ

んだとしても　マイナスを埋めることはできない。なぜなら、倒錯した人間が、善と思って努力するわざも、ことごとくマイナスをふやすものでしかないからである。

この穴埋めをすることができる人は、罪の汚れの少しもない人でなければならない。そしてその適格者としては、ひとりイエス＝キリストがあるだけである。罪人が自分ではつぐなうことのできない債務を、かれが代わってつぐなうのである。では何によってつぐなったかというと、死によってである。すなわち、罪の払う値は死であり、罪ある人は死をもって罰せられるほかない。しかも、死によっても負債が免じられるわけではなく、罪の呪いは永劫《えいごう》に残り、救いはない。このような罪人の呪いの死を代わって死んだのが、キリストである。かれの死は、ソクラテスが従容《しょうよう》として毒杯を飲みほしたのとはちがい、恐れ、おののき、絶望のうめきをあげた、呪《のろ》われた死だった。すなわち、罪ある人はそれだけの呪われた死を甘んじてうけるほかなかったのである。そして、かれが支払った代償の大きさを見ることによって、われわれは自分たちの罪の驚くべき深さにはじめて気づくのである。

だが、キリストが代償を支払いたもうたからには、マイナスは消えたのである。人は債務をはたしおえた自由なものとして、神との交わりをはじめることができる。

服従の生と死をとげて

それならば、キリストはわれわれの身代わりに呪いの中に埋没してしまったのか。そうではない。キリストは死をもって罪の値を払う以上の積極的なことをしておられる。そして、キリストの死の強調にとどまらず、さらにこの積極面を打ち出したところに、カルヴァンの特色がある。

まず、キリストの死をかれの服従の極致としてとらえたことを見ておこう。キリストの生涯の全体が「服従」――すなわち、神に対する服従――という性格をもっている。それは父なる神に対する子なる神の当然のわざであると見ては不十分である。むしろ、それは、人間の側において、神に対して果たすべきであるにもかかわらず果たしていない服従を、人の立場に立って遂行したものである。したがって、キリストは単に罪の代償を人に代わってつぐなって、人を死の呪いのもとから解放しただけでなく、人に代わって、人の本来なすべきであった服従を果たすことによって、人間に神の意志への服従をもたらした。あとでもう一度とりあげる機会があるが(一六三ページ)、カルヴァンは信仰者の生活が服従の生活だということをプロテスタントの中でも特に強く打ち出すのであるが、それを基礎づけるのはキリスト自身の服従であった。キリストの服従の生涯を切り離して、かれの十字架の死を見るだけであれば、それはそれなりに深い宗教的境地を開くではあろうが、信じるものの現実の生を力づける積極的なものはない。

さらに、キリストは十字架上で死ぬことによって、贖罪者としてのつとめを終えたのではない。十字架の死のあとに復活がある。それは神としてのキリストの栄光の回復であるよりも、むしろ、人間のために復活の生を獲得したことである。キリストとの交わりにあずかるものは、キリストの復活の生にあずかるのである。この点でもカルヴァンは特色をあらわす。ルターにおいては、カルヴァンほど強く復活が打ち出されていない。

今ひとつ、カルヴァンはキリストの昇天を強調する。キリストは地上における贖罪《しょくざい》のわざを完了して天に昇った。それは、天上にある神の子としての位置の復位であるとともに、人間のために、人間の側に立って、天への道をきり開いたことである。こうして、ここにおいて、地上における贖罪のわざはひとたび完了し、すでに過去のものとなっていることが指摘される。カルヴァンはこの点の確認が重要であることを呼びかける。もしキリストが昇天していないならば、つまり、いまだに贖罪のわざを続行しなければならないならば、われわれの救いはどうなることであろうか。カルヴァンはそれゆえ、カトリック教会が日ごとに「ミサ」をあげて、キリストの犠牲を反覆するのだと主張することに真向から反対する。キリストの犠牲の死は一回限りのものであった。それはことごとく果たされ、かれは天に昇りたもうた。ミサの反覆はキリストの死の意義を無にするものにほかならない。

カルヴァンはさらに、同じプロテスタント陣営のルター派に対しても、妥協しない。ルターの死後、後継者のうちの固陋《ころう》な分子がカルヴァンを批判したとき、カルヴァンはその批判をはねかえす。今そのときの議論を紹介することははぶくが、聖餐《せいさん》式の中にキリストがいかにして現臨《げんりん》するかをめぐっての議論であり、カルヴァンのよって立つところは、キリストはすでに昇天されたという一点であった。

以上のように、キリストは、人間を越えて高くいまし、われわれを上から救いたもうというだけではなく、われわれの側へくだってきて、われわれの仲間となるのであるから、かれはわれわれの単に仰ぎ見るべき対象であるにとどまらず、そのあとにしたがって行くべき模範でもある。キリスト者の生活は、つねにキリストを見ならったものである。

中世のキリスト教に、ときどき現われた「キリストのまねび」の思想は、もう一度カルヴァンにおいて花を開き、実を結ぶ。しかも、中世においては「キリストのまねび」が特に修道院内で成立する徳のように考えられ、また、ならうべき点が往々にして「清貧」だけであったりしたのにひきかえ、カルヴァンはキリストにならう場を一般社会の中に置いて、世俗の生活の中に積極的なキリストのまねびを展開する。その基礎は、キリストが人間の仲間にまで「へりくだり」をされたところにある。

王国の王

しかし、キリストは単にへりくだりをされただけでなく、「王」として「主」としての権威をもっておられる。「キリストの王権」はカルヴァンの思想の要点のうちで最も顕著なもののひとつである。

キリストということの実質は、かれが祭司であり、預言者であり、王であることであるとカルヴァンは理解する。すなわち、キリストは罪のための犠牲を捧げて、和解を確保することにより、完全な意味での祭司のつとめをはたし、神の意志を言葉によって啓示することによって預言者としてのつとめを全うし、さらに、力をもって神の国の支配をうちたてることにより、王のつとめを確立したのである。キリストのうちに上記の三職があると見るのは、キリスト教神学においては伝統的なものであるが、カルヴァンは他の人が往々にして軽く見た「王」たるの職に、重点をおくのである。

王であるキリストの支配は、まだ目に見える形においては来ていない。それはかれが世の終わりに「再臨」される日に、あらわな形で完成する。だが、今、目には見えないが、信じるものにとってはキリストの支配は現実であり、決して彼方の理想とか空想とかいうものではない。その支配は現実にかれの言葉において行なわれている。すなわち、かれの言葉が説教者の口を通して語られ、それが聞かれるとき、そこにかれの支配がある。支配があるとはかれの王国が実現しているということである。

だから、信仰者はキリストの王国に奉仕するとともに、王国の尊厳を守り、また証《あか》ししなければならない。

信仰と生活

以上のべたところで、キリストによる救いはほぼ完成したかのように見られるかもしれないが、実はまだなのである。キリストはわれわれの救いのために必要なすべてのことをなしとげられた。それで十分なのではないか。――中世の人たちはそれで満足した。そのようにして客観的に確立した救いが、教会を通じて分配されるのを受けとりさえすればよかった。だが、近世に属するカルヴァンはそれに満足することができない。キリストがわれわれの外にとどまっておられる限り、われわれには救いはない、とカルヴァンは断言する。そしてキリストはたしかにわれわれの外におられる。

聖霊とキリスト

キリストがあたかもともにいてくださるかのように思い込む道もある。カルヴァンはそのような空想には満足できない。確かさをもってかれがわれわれのうちにいたもうことをとらえねばならない。――それは「聖霊」によって実現する。この点の確認がカルヴァン神学の最大の特色であり、最大の貢献でもある。「聖霊」については聖書がいたるところで語っており、キリスト教会は世々にわたってそれを信じ、それを求めて祈ってきたが、神学上、聖霊の位置は明確ではなかったのである。

聖霊とは三位一体の第三位である神として信じられてきた。――われわれはこの書物においては、キリスト教の最も基本的な教理である三位一体論を正面からとりあげることをしない。なぜなら、それは限られた紙面で論じつくすにはあまりにも奥深い問題だからである。われわれはさきに、カルヴァンが最初のカテキズムにおいて、三位一体ということばを使わなくて、そのため悪意ある人々の攻撃を忍ばなければならなかったことを見たが、本書においてわれわれが三位一体を論じることをしなくても、それはカルヴァンの考えからそれるゆえんにはならないと思う。

4人の改革者　（左から，ファレル，ド＝ベーズ，ヴィレ，カルヴァン）

キリスト教のすべての指導者たちは聖霊を強調していた。実に、宗教改革に対して反動的に出たカトリック教会も、聖霊を強調した。すなわち、教会には聖霊があり、聖霊によってなされる教会の決定には権威があり、教会の外で勝手に聖書を解釈したところで権威はない、と言われていた。一方、狂信的に旧来の秩序を打破する改革をしていた人たちからも、カルヴァンの属する宗教改革には聖霊がないとの非難が浴びせられていた。すなわち、この狂信派の人たちは、聖霊の直接経験という主観的なものを重んじる。そういう人たちから見ると、カルヴァンなどが聖書の言葉を重んじているのは、自由のない、律法的な態度なのである。

カルヴァンもルターとともに、イエス＝キリストを徹底的に中心とする。聖霊論に中心を置く考えを宗教改革の中心人物たちはとらない。聖霊に関しても、キリストを出発点として理解する。キリストとのかかわりなしに、何か感情的に燃えあがるあるものがあっても、それを聖霊だとするのは危険である。聖霊は、永遠の言葉であるキリストと結びつく。言葉とともに働いてこそ聖霊の力があり、聖霊とともに働いてこそ言葉の力がある。この関係を明らかにすることがカルヴァンの課題であった。

聖霊によって、外なるキリストが内なるキリストになり、過去におけるキリストの贖罪《しょくざい》のわざが現在となり、来たらんとする時におけるキリストによる救いが現在のものとなっている状態、それが信仰の状態だというることができるであろう。だが、もう少しくわしく、信仰というものを考えてみよう。

信仰とは何か

人間の精神のいとなみにはいくつかの段階がある。まず、人間は動物的な衝動に支配される段階を脱却していなければならない。人間には動物とちがって、理性がある。では、理性的な生き方をしておれば、人間として十分なのであろうか。そうではないであろう。人間は理性の限界か破れとかいうものを発見せざるをえない場合にときに出会うのである。よくある例は「死」によるおびやかしである。死を一旦つきつけられると、理性をもとにして組み上げられていた価値の体系は崩れてしまう。それまでは非合理だと思っていたものの中に、実は本当のものがあるのではないか、理性を越えたあるものこそが人生の中核にならなければならないのではないか、という考えが新しくめばえてくる。

こうして信仰の世界がその人の前に開けてくる、と言えば、それはあまりに簡単な割り切りであろう。人間はそれほど単純には信仰への飛躍をしない。けれども、とにかく、人は飛躍をしなければ信仰の領域に入って行くことはできない。理性で満足しているような立場は越えられねばならない。生活が一応維持されることを求め、あるいはその意味での生活の水準があがることを求める日常性の立場は捨てられねばならない。これまで持っていた知識あるいは観念を、もう一歩進めるというのでなく、これまでの立場とは断絶したところへ、飛躍しなければならない。その飛躍は納得によってよりも、むしろ決断によってなされる。中世のスコラ神学者たちの考えでは、信仰はどちらかといえば知識に近く、教えられる教理を知的に承認することであったが、宗教改革においては、信仰ははるかに意志的なもの・決断的なものとしてとらえられる。

知的に承認して行くのであるから、スコラ神学者のとらえた信仰は、最後に「推論」の余地を残しておかなければならない。そこで不確かさの要素を残す。最後的には断言をひかえなければならない。そこで、その考えに立つ人たちはカルヴァンたちのあの断言を非難する。だが、カルヴァンの側から見れば、それは断言のしすぎではなく謙遜の不足でもない。信仰は本来「確信」なのであって、確信を控え目にするところには信仰はない。そこにあるのは、せいぜい宗教的知識、気分、ないし観念というべきものであろう。その程度のものならば、たしかに、最後的なことまで言い切ってしまわずに保留しなければならない。しかし、そのような信仰には、人はその全存在を賭けることはできないであろう。

ある意味では信仰は認識・知識である。だがそれは窮極的なことにかかわるような認識である。だから確実性をもっている。浮動することも、改善されることもない確かなもの、それが信仰である。それによってこそ救いが来る。

そのように見るならば、信仰とは非常に強烈な精神力、何が何でもそう信じこむ信念と同じものであろうか。それは一種の徳なのであろうか。一般にそのように理解されることが多い。カルヴァンはちがう。かれは信仰とは、何かあるものというふうには考えない。信仰とはむしろ空《から》なものである。かれはよく、信仰を「水路——チャンネル」や「導管」にたとえる。それ自体は内容をもっていない。それ自体としてはひたすらむなしくならなくてはならない。ただ、この管を通して来たりたもうキリストこそが大切なのである。このような信仰理解は、二〇世紀の第一次大戦の末期の危機の時代に、カール＝バルトが「信仰」とは「空《から》の器」だといったことの先鞭をつけたものである。

信仰によって義と認められ

ルターが宗教改革の中心的使信として叫んだのは「信仰のみによる義認」であった。「義認」とは義であると認められること、すなわち罪あるものとはみなされないこと、あるいは罪をゆるされることである。

義認ということばは聖書の用語でもあり、神学者が古くから使っていた術語であるが、宗教改革はしだいにゆがめられたこのことばの本来の意味を回復した。まず、これの意味を再確認している。これはもとは法廷用語なのであって、被告人を無罪と認定し・宣告することである。極言するならば、かれが悪人であっても無罪宣告を受ける場合があり得る。そして、パウロがローマ書でこのことばを使ったときも、まさにその意味においてであり、罪人が罪なき純潔の状態にされたとはいわず、罪人が罪あるままに罪なきものとみなされ、そのように宣告され、神との和解に入るという意味である。ところが、この意味がしだいにずれてきて、義と認めるのでなく、義と化す、義と成さしめる、という意味になって来た。そうすると、元来はむなしいものであった人間の行ないも、意義と価値をもったものとなってくる。そこで、善行を積むことが救いのために益ある、いな必要なわざとされるようになった。信仰も必要だが、善行も必要だと説かれる。こう教えられて中世の信者たちは善行にはげんだ。――そしてルターは、善行をもってしても救いに達することができない人間の罪の深さを身をもって悟《さと》った。

そこで、義認の回復のもうひとつの点として、信仰「のみ」によるということが主張される。カルヴァンもルターと全く同様である。

ところで、信仰によって義と認められるとはどういうことなのか。これだけの言い方なら、信仰を神がみそなわし、行ないとしては何らとるべきところのないものも、信仰を価値あるものとして、それに対する報賞として救いを与えられるというふうにもとれる。が、さきに言ったように、信仰は徳のひとつなのではなく、それ自身としては空虚なのだ。だから、外的な行ないの代わりに内的な行為をして、それで救いをかちとるということが主張されたのではない。「信仰のみによる」とは、要するに、人間のいかなる意味での努力や働きにもよらず、上から、神から、憐れみによって、功績なしに来る恩寵《おんちょう》(恵み)のみが、罪人を義とするということである。

しかし、義と認められたというだけでは心もとないのではないか。義と認められはしたが現状は罪だということでは、結局、救いも不確かになってしまうのではないか、とあやぶまれるかもしれない。とはいえ、信仰をもった人の現実が、地上の生を終える日までは罪の連続であることをごまかすわけにはいかない。聖者といわれるような人は、本当はいない。だからプロテスタントでは聖者を認めない。――それとともに、今ひとつ言っておかねばならないのは、義認だけでは不確かだとはいえず、義認がすでに決定的なことだということである。義と宣告されたその瞬間から、新しい事態ははじまっているのである。

新しく生まれた人間

「信仰のみ」という主張に対して非難が集中した。それは善行のための努力をしない怠惰《たいだ》な人間を造ることになりはしないか。同じく恩寵《おんちょう》のみという主張も、救いのための励みをもたない、主体性のない信者を造ることに終わらないか。

もうひとつ、義と認められるだけで、はたしてよいのか、との反論がある。義と認められつつ、現実には罪の状態にとどまっている、というのではなく、現実においても新しい生活をはじめていなければならないのではないか。それらの問題に答える課題は、宗教改革の第一期の世代においてははたされず、第二の世代に持ちこまれる。

カルヴァンはそれにみごとに答える。かれはここでもまたイエス＝キリストを中心とする考えを徹底させる。キリストが聖霊によって信仰者のものとなりたもう。そこには当然、キリストによる新しい生がはじまる。義と認められるのもキリストにおいて起こることがらである。というのは、キリストの義が信じるものに「転嫁」されるからである。そのように、キリストがおられて義認が起こるところならば、キリストにおける新しい生もまたはじまっているはずである。それは完成を見ていない。けれども、もはや古き生の没落は起こっているのである。したがって、そこには、古き罪の支配のもとにない新しい人間が生きており、その新しい人間が新しい善きわざを生み出す。新しい善きわざは依然として不完全なものであり、その純潔も完成していないし、この善きわざが救いのために何かの価値をもつというのではない。それでも、信仰者たちは喜びと確信とをもって、善きわざを遂行する。カトリックの信者以上にプロテスタントは善きわざにはげんだのである。ここに、カルヴァンの感化を受けた人たちが積極的な活動をした原因のひとつがある。

さて、善きわざの規範は何であろうか。それは「律法」である。さきに律法が罪を自覚させ、言いのがれられないようにさせ、そして罪人を断罪するという面を見たのであるが、ここでもう一度、律法の積極的な意味が浮かび出る。信仰者は律法の拘束をすてるだけでなく、かえって、新しくされた人間として律法への服従を喜びをもってはじめる。このように律法への服従を説いたところにカルヴァンのまたひとつの特色がある。ルターはそれほど積極的に説いてはいない。

晩年のカルヴァン　（ド=ベーズの"宗教改革者群像"より）

神の永遠の意志

カルヴァンの思想の特色として、しばしば指摘されるのは「予定論」である。すなわち、人が救われるかどうかは神の永遠の計画のうちに決定されているというのである。

これがカルヴァンの思想の特色といえるかどうかは問題である。まして、この点にかれの思想の中心をおくことは、はっきりまちがいである。しかし、カルヴァンといえば予定論といわれるようになった事情はある。それは一七世紀のかれの後継者たちが、カルヴァン主義すなわち予定論、という把握をしたからである。——一七世紀のカルヴァン主義者の予定論は、厳密にいってカルヴァンの予定論とかなりちがうが、今はそのことには触れない。——予定論をうけいれるかどうかでカルヴァン主義かどうかの色わけができると考えられたことは一応正当である。だが、それは、カルヴァン自身が予定論を全体系の主要点と考えていたことを決して意味しない。

カルヴァンの神学が予定論を中心としていると解する見方は、かつて有力であったが、今日では、カルヴァン研究に専門的にたずさわる人の間では、しりぞけられている。そのような事実はないからである。ただし、それはカルヴァンが予定論をどちらでもよいものとして扱ったという意味ではない。予定論に反対する人があれば、カルヴァンはすぐに反論したのである。

それでは、カルヴァンの思想の体系の中で予定論はどのような位置を占めているのであろうか。ある人はこれが出発点だと見る。だがカルヴァンは実はそのようには説き起こさない。かれが予定論を「キリスト教綱要」の中でとりあげるのは、第一篇のはじめではなく、第三篇の終わりなのである。第一篇で創造者としての神認識を説き、第二篇でキリストとその贖罪のわざを説き、第三篇で外なるキリストがいかにしてわれわれのものとなるか、そしてそこにいかなる新しい人間が生まれるか、キリスト教的自由とは何か、を論じたあと、以上の体系の中に収めきれなかったひとつの現実をかれは拾いあげる。それは、このように水ももらさぬ手堅さで、神の救いのわざが展開されて行くのに、にもかかわらず救いからもれる人間がいるという現実である。なぜか。神の恩寵の働きは結局、力不足なのであろうか。……否、否。神の力だけでは足りず、人間の努力がそれを補わねばならないのか。……否、否。あくまで、救いはただ恩寵のみにかかっている。それでこそ信仰の確かさがある。とするならば、人間の思いをはるかに越えたところで、神の永遠の決定があったのだ。そして、カルヴァンはそのことの裏づけになる聖書の教えをいたるところに読みとる。

神についてまず考え、次に神の永遠の意志決定について考え、そのあとで、神の計画にもとづく創造と救いのわざについて考えるという考え方も、たしかに成り立つ。ただ、カルヴァンはそういう順序で考えを進めることはしない。かれは神の意志決定については非常につつましく考える。神の選びは隠されているではないか。だから、はじめに神の絶対的な決定を論じておくのもひとつの考えなのであるが、そのような考えはスコラ神学者の流儀である。論理的にすじを通そうとする考えである。神の永遠の意志決定が理論的に明快・透明なものだととる見方である。カルヴァンはそのようには考えず、神の永遠の意志を無気味なまでに神秘なもの、人間の思考をかき乱さずにおかぬ恐るべきものとしてとらえる。

確信と平安と精進

神の意志決定を合理化してうけとろうとする試みは中世においてもさかんになされていた。中世の神学者たちは、神の予定と摂理（すなわち予知）について論及することを怠らなかった。宗教改革者はその考えの立脚点を捨てたのである。予知と予定ははっきり区別される。予知については合理的な考えでもとらえることができるであろう。だが、予定は合理的な思弁の中にどうしても収めることのできないものである。そのような非合理な現実と触れていてこそ、信仰の信仰たるゆえんがある。

では、人は、救われているのかいないのかわからない、という底知れぬ不安の中にあり続けなければならないのか。そうだ、という解答もある。不安の中にあえて踏みとどまること、それこそ選びのしるしだ、という説である。しかし、カルヴァンはそうは思わない。信仰は確信であり、平安にみちた信頼である。他の人が選ばれているかどうかについてせんさくする権限は全くないが、自分自身が選ばれていることの確かさは、信仰によってとらえていなくてはならない。救いとは全く確かなことがらなのである。そして、信仰とはその確かさの中に安らうことである。

それならば、救いの確かさはいかにしてとらえられるのか。これは神の言葉と聖霊の保証する確かさによる。神の言葉がひとりの人を召し、目標に向けて進歩させるとき、真相はなお隠されているとはいえ、人はその言葉を信仰によって確実なものとしてとらえるのである。ここに、虚無を克服する最後の一撃がある。――すでに信仰者はいく層もの虚無を突き破ってきた。だが、信仰者の心情そのものの中に、なお虚無がその影をおとす。「自分はほんとうに救われるのであろうか。救いを信じていることもまた、世のすべてのことと同じく、むなしいのではないだろうか。」……この疑惑に対して毅《き》然とした態度をとりうるのは予定の確信である。この確信のあるところ、確信にもとづく堅忍不抜の信仰の持続がある。信仰者は逃避的な姿勢をもはやとることができない。状況がどんなに困難であっても、人は愛のいましめを守りぬき、己れ自身を目標に従わせる努力を怠らない。

その原動力はどこから来るかといえば、神の言葉を聞き続けるところから第一に来る。言葉のもとに召し集められていることこそ選びの第一のしるしだからである。人はそれ以外のことごとくの点において己れの救いに絶望的であるとしても、キリストの言葉がかれを呼び出し、かれに向けて語りかけている限り、言葉が語りかけられているという一点に固着しなければならない。その一点で信仰を支えなければならない。だが、単に言葉の語られるところ、すなわち教会に出席するだけで十分だとすることはできない。内面的な信仰生活が必要である。そこでとりわけ重んじられるのが「祈り」である。語りかけられる言葉を理解し・承認するだけでなく、祈りの世界に踏み込まなければならない。信仰はその精進《しょうじん》を要求する。

教会と世界

改革され続ける教会

人間が救われるためにどれだけのことがなされねばならぬかは、すでにほとんど説きあかされた。簡単にまとめるならば、キリストとの交わりが必要なのである。人間の救いのために必要な贖罪のわざをすべて果たしたキリストと、信仰者とが、ひとつの交わりに入るのである。それは聖霊により、信仰を通して、内的になされた。だが、内的なことがすべてではない。外的なことがそこに結びつく。外的とは、カルヴァンにおいては決して悪い意味での表面的・形式的という意味ではない。内的なものは外的な具体的なものと結びつくのである。つまり、内的な意味でのキリスト伝達とキリストとの交わりは、外的な意味でのキリスト伝達（キリストの言葉の説教）や、外的な意味でのキリストとの交わり（聖餐）またキリストにおける交わり（信仰者相互の交わり）と切り離すことができない。――それらは、したがって、みな「教会」の問題である。

カルヴァンの属するフランスの宗教改革は、ドイツにおけるルターの宗教改革とくらべてずっと革新的だった。ルターは教会の外面に関することは、ごくゆるやかに改革する。フランス人の改革者は思いきって形式面まで改革する。けれども、カルヴァンは改革のための改革を考えてはいない。かれはキリストとの交わりを中心とし、これを混乱させ・不純にする要素を切りすてて行くのであって、カトリック教会のなすことすべてを否定したのではない。

一面においてはなるほど実に苛酷《かこく》にカトリック教会をさばく。ローマ・カトリック教会はキリストをかしらとする体制ではなく、アンチクリスト（反キリスト）たる教皇をかしらとする、それ自体反キリスト的な組織だという。そしてこのことを証明するために、驚くべく豊富な歴史的知識を用いる。プロテスタントの立場に立った歴史観が、専門の歴史家によって確立されるよほど前に、カルヴァンは古代から中世にいたる教会の頽落《たいらく》を、大綱においても細目においても、正確にとらえて描いた。それでもかれは、宗教改革前の教会に健全な教会の残滓《ざんさい》があったと認める。すなわち、この教会が病んでいる自己自身を健全だと言い張り、自己を絶対化する限りは、それを否定し去るほかない。しかし、病んでいる教会そのものについて言うならば、気息えんえんとしてはいるが、なおわずかに教会としての命脈を保っている。なぜなら、非常にそこなわれた形においてではあるが、そこにキリストとの交わりが残っているからである。

それはカトリック教会をあるがままに受けいれるということではない。それは改革されねばならない。キリストの言葉によって。――ということは、カトリック教会をプロテスタント教会にひとたび改革すれば、もうそれで万事が終わったということではない。改革された教会といえども、完全無欠に健全な・純潔な教会なのではない。それもまた、ある程度病んでいる。もし、宗教改革の教会が、自分は改革を経たのだから健全である、と思いあがったならば、救いがたい病気にとらわれているのである。だから、改革は一度です

プロテスタントとカトリックの礼拝を比較した当時の諷刺画
（前者—左—は説教だけに聞き入り，後者—右—はロザリオをあやつることに重きを置く。説教者の服装の相違にも注意せよ。）

むものではない。毎日毎日、キリストの言葉によって新しくされ続けて行くことによって、教会は教会となるのである。

権威と自由

教会の制度として、唯一の固定したものをおしつけようとはないからである。カルヴァンは考えない。絶対に正しい制度などというものはないからである。ただ、人はよりよい制度を探究する努力を怠ることはできない。そこで、教会の制度にかれが求めたのは、権威が保たれ、自由が保たれるという二条件である。——権威とはキリストの言葉の権威であって、それ以外の権威は本来の意味ではありえない。だから、教会の職制を権威づけたり、役職についている人を権威づけたりすることは間違いである。ただ、キリストの言葉の権威を認めるためには、その言葉を語るつとめを重んじねばならず、そのつとめを帯びている人物をも重んじねばならないということがともなって来る。それだけに、そのつとめについている人は、本来の意味の権威が自分にないことをつねに自覚し、ただキリストの言葉にのみ権威あらしめるように、自らに謙遜《けんそん》の修練を課することが人一倍必要である。——自由というのは、キリストの権威のもとにこそ真の意味で確立するキリスト者の自由である。教会において、信徒個々人の自由が押し殺されてしまうことをカルヴァンは好まない。この自由は、めいめいが好き勝手なことをするという意味ではもちろんない。カルヴァンは信徒が勝手なことを考えたり行動したりする放慢な信徒集団を是認できないのであった。

カルヴァンの教会の特色の最大のものは、その「規律」である。プロテスタント陣営内でもこの派は特別である。ある種の教会のようにあらゆる現状を肯定して包容することはかれにはできない。キリストの教会はキリストをかしらとするにふさわしくなければならないという限定を持っているからである。しかし、それは教会に厳格な統制が行なわれるということとは別である。教会はキリストとの交わりをいかに真剣に保つかを、具体的にあらわさねばならないだけである。

この規律を守らせる指導権を誰がとるか。カルヴァンは教会がひとりの人によってでなく複数の人々によって指導されるのが適当であると考える。そのほうが誤りがより少ない。ひとりの人の間違いを他の人々が訂正することができるからである。だが、教会員全員が同等の資格で教会の運営に参画することをカルヴァンは避ける。このつとめには特にそのために召され、権威を委託された人たちがたずさわる。そうでなければ、教会における権威の所在があいまいになる危険がある。そこで、前述の（五九、八五ページ）長老制が最善のものであると考えられた。

時の間にあって

以上のような教会観は、カルヴァンの社会思想と似た面を持っている。すなわち、かれは、社会は秩序を維持し、しかも自由でなければならないと考えているのである。そして、実際の政治形態としては、君主制でも民主制（人民のすべてが平等に政治に参画する制度）でもなく、民主制と貴族制（エリートが政治を行なう）の中間がよいと考えている。つまり、今日多くの国々において行なわれているような代議制がよいというのである。

教会と国家とはある面でよく似ている。どちらも秩序を立てなければならない。そして、どちらの権威も神から来ている。――すべての政治的権威が神から来たものであることは、使徒パウロがローマ書一三章で説いたところであるが、それ以来、宗教改革の時代にいたるまでは、あまり積極的には主張されなかった。というのは、はじめの三世紀間・教会は国家の迫害のもとにおかれ、この迫害者が神から権威を授けられた、神の奉仕者だということを積極的に認めるのに困難をおぼえたし、それ以後の時代には、教会の権力が国家のそれをしのぎ、国家に独自の権威があることが認めがたくなっていたからである。

ルネッサンス期には、これまで教会の権威の下に小さくなっていた国家や君主の権威が自立をはじめていた。この傾向は一七世紀に絶対主義を主張するまでに成長するのであるが、宗教改革期にも、マキァヴェリの「君主論」（一五三二年）において、強い主張を打ち出しはじめていた。政治思想の激動の時代だったのである。その機会に、在来からある、権力否定の無政府主義が狂信的な宗教改革（再洗派やドイツ農民戦争）の中で実践された。

ルターやカルヴァンの、宗教改革の主流派は、政治権力を肯定する点で、再洗派とははっきり一線を画し、しかも一方、政治権力を全面的に肯定はしない、という共通の路線を歩むが、同一路線の上にあっても、傾向の開きは大きい。

まず、改革者たちが政治権力を否定しなかったことをとりあげよう。このことは、かれらの思想が結局、保守・反動であった証拠だと見る見方があるが、そのとらえ方はあまりに浅薄である。さきに触れたように、狂信派の改革者は聖霊に非常な強調点をおく。聖霊の世紀が来た、とかれらは考える。聖霊の世紀が来ることによって、古い外的な秩序は去ったというのがかれらの考えの基本である。つまり、かれらの考えの根本には、歴史がその終末の段階に達したとの意識があり、終末をして終末たらしめるのは聖霊がくだったからであるとし、聖霊がくだったというのはかれらの主観的体験だったのである。カルヴァンたちは全くそれとちがった考えをもつ。聖霊を主観的体験においてのみとらえることはしりぞけられ、それはつねにキリストの言葉との結びつきにおいてとらえられる。カルヴァンにおいてもルターにおいても、歴史において決定的なものはイエス＝キリストなのである。したがって、宗教改革における新しい聖霊体験によって、歴史の終末が来、在来の価値体系が根本的にくつがえったと考えることはできない。宗教改革はそれほど絶対的なものではない。歴史の終末段階がはじまったというならば、それはイエス＝キリストが来られ、十字架のあがないをなしとげられたときに、すでにはじまったのである。そして、最終の状態はまだ到来していないのである。このように、「すでに」と「いまだ」との間の中間状態にわれわれはいる。この中間状態においてわれわれは思想し・信仰し・行動する。

ふたつの支配

窮極の状態が来るならば、政治権力はなくなるであろう。神の主権がすべてにおいてすべてとなるからである。だが、今はまだその時ではない。この世の秩序を保たせるために、神は権力を立てておられる。もしこの権力が否定されるならば、被造物の地上の生活における平衡状態は破れ、万事は恐るべき混沌の中に埋没する。あらゆる意味で混沌を制圧していることは、虚無を克服しようとすることと同等に、人間が人間であるために必要な精神の態度なのである。

こうして、人間のためには神に由来するふたつの秩序が必要である。すなわち、人間の肉体のためには政治的な秩序である国家が、そして、人間のたましいのためには霊的な秩序である教会が。

それならば、国家と教会との関係はどうなっているのであろうか。簡単に言うならば、それらは全く領域を異にしている。混同されるいかなる部分も両者はもたない。カトリック教会はずっとこれを混同してきた。教会は領土をもち、領民をもち、教皇庁という名の政府をもち、軍隊をもち、戦争もする、れっきとした一国家であった。教会と国家との相違はアウグスティヌスにおいて明快に説かれていたが、概念として分けることができるだけで、キリスト教的ヨーロッパが形成されてのちは、教会と国家とはかなり大きい部分において相覆うものであった。宗教改革の仕事の一部は、このようにべったりとひとつになっているものを、ふたつに分けることであり、とくにカルヴァンはこのために苦労した。

カルヴァンがジュネーブにおいて権力を握ったとの、しばしば行なわれる見解は、われわれがかれの生涯を見たときに確かめたように、あらゆる意味でまちがいである。かれの大きい自己犠牲に裏づけられた誠実さが、しだいに市民の間に信服されるようになっていっただけであり、一教会人が政治権力を掌握《しょうあく》して神政政治を行なうということは、かれの思想の中について片鱗をも発見できないし、かれの実践の中にもない。事実はその逆であり、かれは政治と宗教を分離させるために苦労した。

だが、分離とは没交渉になることではない。教会に属するものは国家の外にいるのでなく、内にいる。そして国家に対して責任をもつ。すでに、いくつかの面で触れて来たように、カルヴァンは地上におけるキリスト者の生活と行動とを、積極的に意味づける。この世はたしかに過ぎ行くものであるが、過ぎ行かぬものを見詰める人たちは、はかない世にあっても、そこから逃避しないで、積極的に責任をもつ。だから、政治の当局者が誤りを犯すことがないように、つねに助言し・警告する必要がある。政治的無関心は信仰者として恥ずべき一種の怠惰なのである。カルヴァンの感化のもとでは、政治と宗教の分離の原則は貫かれたが、しかも、信仰者がこの世の政治に積極的に責任をもつ発言をすることが通例である。――ルター派においては事情は別である。そこでは、悪しき政府もやはり政府だから従順でなければならないとされるのが通例である。はたしてそれがルターの信仰に即したことなのかどうかを、今日、ルター派の一部の人は考えなおしはじめている。

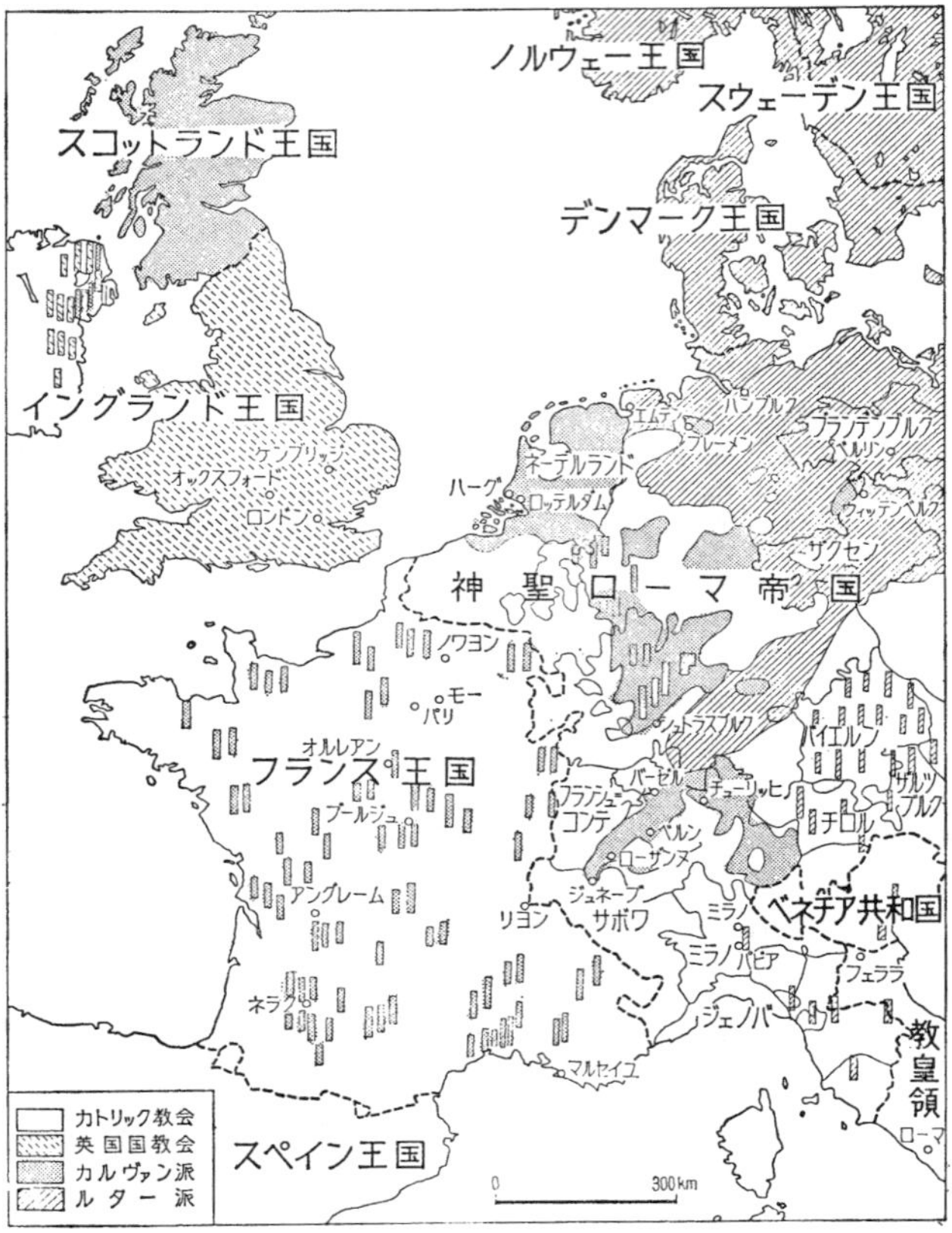

16世紀中ごろのキリスト教諸派の分布図

それでは、キリスト者は具体的にどのような行動において政治責任をあらわすべきか。発言だけでは聞きいれてもらえず、政治がますます悪へ傾斜する場合がある。そのさい、手をこまねいているのは怠慢である。神の意図から明らかに脱落している政治権力を、見て見ぬふりをして放置することは、共犯者になることである。反抗がはじまらねばならない。ルターは原則的には反抗や革命を否定するが、カルヴァンは原則的にはそれを肯定する。神の意志を知るものには、悪しき権力をこらしめる義務がある。

権威の担当者

ただし、そのつとめにたずさわるのは誰であろうか。カルヴァンは一般人民に革命への参加を呼びかけはしない。それをひかえさせる。革命が暴力化するからいけない、というような道学者的理由によるのではない。かれは政治学者として政治の理論を考えたのである。すなわち、神から政治権力の委託を受けていないものが権力を代わって持つことはまちがいだと見る。では、誰がその適格者か。王侯に忠告する立場の人がいるではないか、とカルヴァンはいう。それは最高権力よりは一段低い人であるが、上位のものを助けて正しい政治を行なう任務をもっている。もしも、この第二位の人が最上位のものの共犯者であるならば、第三位のものが立たねばならない。とにかく、できるだけ小規模に悪をおさえ、大量の人民が蜂起《ほうき》して社会全体の秩序を失うようなことは避けねばならない。それゆえ、政権の交替が人民の選挙を通じて、最もスムーズに行なわれる政治が最良のものであるとかれは考える。

もっとも、悪しき権力者を交替させることは、さほど簡単ではない。カルヴァン自身はあまり乗気でなかったが、かれの後継者たちはしだいに革命を積極的に考えるようになる。オランダの独立戦争や、イギリスの清教徒革命の背後に、カルヴァンの精神的感化が強かったことは、人の知るとおりである。それがかれの真意にかなっていたかどうかは問題であるが、カルヴァン自身においてはきわめて穏健な文章で表現されたものが、状況によっては過激な行動によってあらわれる場合もないとは言い切れない。

ただ、カルヴァンの政治思想が、教会観の場合と同じく、下からの発想によらず、あくまで上からの発想だということは強調しておかねばならない。上に立つ為政者は人民の意志の代表ではなく、神の意志を代行するものである。それゆえに、かれには固有の権威というものは何もない。かれは治めることによって神とキリスト（かれこそ王の王である）に仕えるしもべである。そのようにして神の前での謙遜を知るときに、かれはまた、支配することにおいて人々に仕えるしもべ、「公僕」となるであろう。ちょうど、教会の指導をする教師たちに高度な謙遜と自己吟味《ぎんみ》が必要なように、政治的権力を委託されているものにも、その権力を自己のために用いない謙遜が必要である。ただし、教会の指導者にとっては、そのつとめに召す神の召命に、信仰をもって自覚的に応答することが不可欠であるが、政治的権力者の場合は、神によって召されていることを知っているかどうかは問題ではない。神が全く信仰のないものを召して、政治を行わせたもうこともある。

世俗的労働の意義

この世のことについて、信仰者は消極的になってはならないということが、宗教改革によって打ち出された新しいメッセージである。中世においては、人はこの世から身を引いて、修道院のような世界の静寂のうちにこもり、この世の財ももたず、妻ももたないのが貴いと考えられた。この考えを宗教改革は勇敢に否定する。

キリスト教では元来、この世、現世、世俗というものを重く見ない。この世は過ぎ行くのである。価値の基準はこの世を越えたものにある。今日「セキュラリズム」（世俗主義）の名で呼ばれているものと全く逆である。（すなわち、セキュラリズムはこの世にのみ価値の基準を置き、神も、来世も、永遠も、およそ宗教的なもののいっさいを排除する。このセキュラリズムということばは、やっと一八五〇年になってから作られたものであるが、適切な用語としてたちまち全世界で使われるようになった）。

宗教改革がこの世のことを重く見るとき、セキュラリズムの方向に歩み寄ったのではないかと感じる人もあろう。当時も、カトリック側ではこの動きを危険視していた。今日、プロテスタントの中でも、たとえば改革者たちが教職の結婚を肯定しすぎたのではないかと再検討する人がいる。――再検討の余地がないとはいえぬが、宗教改革が宗教を世俗化の方向に妥協させたと見ることは正しくない。世俗の中に信仰の生活を確立させることには積極的な意味があり、それは宗教改革の中心的主張である「信仰のみによる義認」の具体化なのである。一般に宗教的とみなされている禁欲的修行も、なお空虚な罪の行ないであって、それをもって人を救いにいたらせることができないのを宗教改革者たちは知っていた。だから、それらの行ないを特別に価値づける欺瞞《ぎまん》を全く破壊するのである。だが、それだけで終わるならば、在来の価値基準をくつがえしただけで、新しいものを生み出したことにはならない。宗教改革はさらに新しいものを打ち出した。そして、その根拠もまた「義認」にある。この事情をカルヴァンは明快に論じてくれた。

信仰のみによる義認とは、義と認められるためには人間の行ないは何の価値ももつことができないという意味である。だが、行ないだけが価値をもたないのでなく、人間の全存在が価値をもたない。すでに信仰が空《から》であるというところで触れたように、信仰でさえ価値をもたない。にもかかわらず、神の恵みは信仰を通じてもたらされる。そして価値なき人間存在の全体を受けいれ・義と認める。それゆえ、人間の行ないも、それ自体として汚れ・無価値であるにかかわらず、やはり義と認められる。こうして、信仰においてなすすべてのわざは、日常的・世俗的なわざであろうと、神の大いなる肯定のもとに安らうのである。もちろん、禁欲的なわざや宗教行事も肯定されるが、非宗教的なこの世のわざ、とくに職業が肯定される。宗教の名のもとに労働からの逃避や怠慢が是認されてはならない。職業を神からの召命として受けとる思想が、ルターにはじまりカルヴァンによって発展したことは広く知られているとおりである。

自由な人間と自由な社会

今ひとつ「自由」の問題を考えておくべきであろう。カルヴァンは「綱要」の中でキリスト者の自由を三つの点にわたって論じているが、ここではその説を詳しく紹介するいとまがない。かれにおいてはもちろん内的な自由が優位をもつが、それは内面への後退を意味せず、内面から外への展開がそこで予想されている。やがてこれは社会的自由の獲得において具体化する。さらに、自由が責任と結びつくことも見逃せない。社会における自由は、社会における責任を決断的に選びとることによって成立する。人は自由を要求するだけでなく、自由な社会を責任をもって作り出すのである。

このような自由の根拠として、われわれはもう一度、神の絶対的な主権に帰って行かねばならない。中世の制度がすでに古びたことは多くの人々にわかっていた。しかし、古いものはなお人々の心を魔術的にしばっており、新しい思想家をもって自認しながら、古い迷信のとりこになっている人たちが当時いたのである。破らなければならない古い壁は、外にあるよりもむしろ内にあった。この壁は絶対者である神の前に、ひたすらな信頼をもって立つときにのみ崩壊した。ひとたびこうして魔術的な世界観が砕き去られて、そのあとに近代的な合理的な考えが据えられるにいたったのである。だが、迷信や魔術は一度とりのぞけば、あとは大丈夫なものなのだろうか。われわれは「合理的」という考えも迷信化することを知るべきではないだろうか。絶対的な神の威厳のもとに砕かれて呪縛《じゅばく》から解放され続けることにより、自由な人として生きるということを宗教改革は教えるのである。

ひとつなる教会を目ざして

カルヴァン主義は一六世紀において、宗教改革と社会改革とを結びつけようとする人々の間で現実的な効果をあげた。さらに一七世紀には市民社会の建設にいっそう具体的な貢献をする。これはマックス＝ヴェーバーなどが解明しているとおりである。しかし、カルヴァン自身は新しい社会の建設者であることに自己の本領を見ていたのではない。かれはやはり教会の改革に打ち込んでいた。教会が真実の教会へと改革され続けるその姿勢が、社会全体の姿勢を正すゆえんともなるのである。なぜなら、イエス＝キリストが主であるという事実は、世界のすべての局面において認められねばならないのであるが、その事実を正しく知っているのは教会だけだからである。だが、教会は、プロテスタント教会においても正しくその姿勢をとっているであろうか。カルヴァンが憂えたのは教会の一致が失われていはしないかということである。前述のように（七五ページ）宗教改革の諸教会は聖餐論《せいさん》では一致しておらず、また、ルター派やツヴィングリ派による再洗派に対する苛烈な弾圧が行なわれていた。

聖餐式は「キリストとの交わり」というカルヴァン神学の中心主題を目に見える形で示すものであるから、かれも真剣に重んじ、これを徹底的に究明した。かれの聖餐論はルターの説とツヴィングリの説とを折衷《せっちゅう》したものといわれるが、それは正しい見方ではない。カルヴァンは既存の二説から出発するのでなく、根源にさかのぼって聖書研究をし、古代教父の説を調べあげた。その結果は、ルター説とツヴィングリ説を越えて、それらを包容する聖餐論となったのである。ただし、ルターの後継者はカルヴァンの説に対して全く冷淡であり、ある人は悪意にみちた痛罵《つうば》をあびせた。

聖餐論とは、聖餐式のパンとぶどう酒の中にいかにしてキリストが臨在されるかを解明するものである。ツヴィングリは簡単に、そこには「記念」ないし「象徴」があるだけだと断定する。キリストがそこにおられるとは、かれの理性は受けつけることができない。ルターはそれに対し、キリストの「これはわたしのからだである」とのことばに固着して、パンの中に、パンとともに、キリストのからだがある、と主張する。すなわち、物理的・肉体的な意味においてキリストがそこに実在するという。

カルヴァンは象徴という説に対して非常に警戒する。象徴し・記念することによって救いの実在性は確保できるのであろうか。しかしまた、ルターの説に対してもかれはきびしく批判する。キリストはたしかにこ聖餐式のうちに実在されるが、それは肉体的実在であろうか。それは天上にいますキリストの栄光に対する重大な侵害になりはしないか。そして、ひとたびあがないのわざをはたして昇天されたキリストをふたたび地上に引きもどすことによって、われわれ自身の救いを危うくすることはないだろうか。さらに、受ける人の信仰の状態いかんにかかわらず、キリストのからだが客観的に授けられるということを強調すれば、キリストの栄光を傷つけることになりはしないか。

聖餐におけるキリストの実在は霊的実在なのである。それは象徴を凌駕《りょうが》し、肉体的・物理的実在をも凌駕する。——このような理論によってカルヴァンはプロテスタントの陣営に一致を回復しようとした。それは成功しなかったが、カルヴァンの精神を継承する人たちが二〇世紀の今日において、かれの意図をある程度生かすことに成功しているのである。かれの影響は一六世紀と、せいぜい一七世紀までしか及ばなかったのではない。かれの思想と信仰は今日も生きて、世界教会の運動を支えているのである。

ジャン＝カルヴァン年譜

（太字は書名）

西暦	年齢	カルヴァンに関すること	宗教改革および反動関係の事件
一五〇八年			ルター、ヴィッテンベルク大学教授に就任。
〇九		誕生（七月一〇日）	英国王ヘンリー八世即位。
一七	八歳		ルター、宗教改革開始。
二一	一二		メランヒトン「**神学総論**」
二三	一四	パリ留学に出発。 ラーマルシェ学寮入学。	ルター「ドイツ語新約聖書」 モーの宗教改革。
二四	一五	モンテーギュ学寮に転学。	ドイツ大農民戦争開始。 エラスムス「**自由意志論**」をあらわして、ルターを批判。ルターは翌年「**奴隷意志論**」をもって応酬。
二八	一九	同学寮卒業。文学士（マギステル＝アルティウム） オルレアン大学法学部入学。	ベルンの宗教改革。

二九	二〇	ブールジュ大学に転学。	ルターとツヴィングリのマールブルク会談（一〇月）
三〇	二一		アウグスブルク帝国国会。ルター派「**アウグスブルク信仰告白**」ツヴィングリ派「**信仰の理由**」ブーツァー派「**四都市信仰告白**」提出。
三一	二二	ブールジュ大学卒業。法学得業士。父ジェラールの死（五月二六日）のために帰郷。王立教授団に加わり古典研究に専念。	ルフェーヴル＝デタープル「仏訳聖書」 ツヴィングリ死（一〇月）
三二	二三	「**セネカ〝寛容論〟注解**」出版（四月）	
三三	二四	コップの演説（一一月一日）の原稿作成。 パリ脱走。アングーレームに逃亡。 このころ回心。	
三四	二五	ネラクに行く（四月） ノワヨンに行き、教職禄辞退の手続き（五月） 「**たましいの眠り**」脱稿（出版は一五四二年） 国外逃亡、メッツからシュトラスブルクに行く。	ファレルのジュネーブにおける宣教活動。 檄文《げきぶん》事件（一〇月）、フランスの宗教改革大弾圧。 英国教会の改革。

年	歳	事項	参考事項
一五三四年	二五歳		イエズス会結成。
三五	二六	バーゼル滞在。**「キリスト教綱要」**初版脱稿。オリヴェタン訳聖書のために「**序文**」を書く。	
三六	二七	フェラーラに行く（二月）バーゼルで「**キリスト教綱要**」初版出版（三月）フェラーラ出発、シュトラスブルクに向かう。ジュネーブ逗留中ファレルに説得されてとどまる。サン=ピエール教会の聖書講師。ローザンヌ会議に出席（一〇月）	エラスムス死。ルフェーヴル=デタープル死。
三七	二八	「**ジュネーブ教会教会規則**」成立（一月）「**信仰の手引き**（第一回のカテキズム）」成立（一一月）「**ジュネーブ教会信仰告白**」成立（四月）	ドイツ福音主義諸侯のシュマルカルト同盟結成。
三八	二九	市会と激突。ファレル、クローとともに追放（四月）バーゼル滞在。シュトラスブルクのフランス人亡命者教会の牧師。ア	

三九	三〇	カデミーの教授（九月） **「キリスト教綱要」**第二版。 **「ローマ書注解」** **「サドレトへの返事」**	マロー**「詩篇歌」**第一版、シュトラスブルク刊。
四〇	三一	フランクフルト会議に出席。 ハゲナウ会議に出席（七月） イドレット＝ド＝ビュルと結婚（八月）	イエズス会認可。
四一	三二	ヴォルムス会議に出席（一〇月） レゲンスブルク会議に出席（二月） ジュネーブ帰還（九月一三日） **「ジュネーブ教会教会規則」**（一一月）	
四二	三三	**「小聖餐論」** **「ジュネーブ教会信仰問答**（第二のカテキズム）**」** **「礼拝形式」** **「ユダ書注解」** 長男出生（七月二八日）まもなく死亡。	マロー**「詩篇歌」**第二版、シュトラスブルクおよびジュネーブ刊。
四三	三四	**「ピギウス駁論」**	種子島に鉄砲伝来。

一五四三年	三四歳	**「キリスト教綱要」**第三版。カステリオン追放。	マロー**「詩篇歌」**第三版、ジュネーブ刊。
四四	三五	**「パリ大学神学部への反論」**	
四五	三六	**「ペテロ第一・第二書注解」**	トリエント会議（六三年まで）
四六	三七	ピエール=アモーを告訴。**「第一コリント書注解」**	ルター死。
四七	三八	ジャック=グリュエを告訴。**「第二コリント書注解」** **「トリエント会議の解毒剤」**	フランス王アンリ二世即位。
四八	三九	**「パウロ小書簡注解」**	
四九	四〇	妻イドレットの死（三月二九日）チューリッヒ協定。ジュネーブ教会とチューリッヒ教会（ツヴィングリの後をブリンガーが継ぐ）とが聖餐の理解に関して一致する。**「礼典の問題についての一致信条」** **「ヘブル書注解」**	イエズス会によるザヴィエルの日本伝道。
五〇	四一	**「第一・第二テサロニケ書、ヤコブ書注解」**	

五一	四二	「躓《つまず》きについて」 「キリスト教綱要」第四版。 ボルセック追放。	ド＝ベーズ「詩篇歌」増補第四版、ジュネーブ刊。
五二	四三	「神の永遠の予定について」 「イザヤ書注解」 「使徒行伝注解」	イエズス会のザヴィエル死。
五三	四四	セルベト告発。裁判。処刑（一〇月二七日） 「ヨハネ福音書注解」	
五四	四五	「三位一体の正統教理の擁護」 「創世記注解」	ド＝ベーズ「詩篇歌」第五版、ジュネーブ刊。
五五	四六	反乱鎮圧。 ブラジル伝道の計画。 ルター派牧師ヴェストファルと論争（五七年まで） 「共観福音書注解」	アウグスブルク和議。
五六	四七	シュトラスブルク、フランクフルトへの旅行。 重病。	ドイツ皇帝フェルジナント一世即位。

一五五七年	四八歳	「詩篇注解」 「ホセア書講義」	
五八	四九	カステリオンへの反論。 ブランドラータへの反論。	
五九	五〇	フランス教会の信条と教会規則を起草。 ジュネーブアカデミー創設。ド=ベーズを学長に迎える（六月） ジュネーブの市民権を獲得。	フランス改革派教会創立大会。
六〇	五一	「キリスト教綱要」最終版出版。 「小預言書注解」	スコットランドに長老主義教会成立。「スコットランド信仰告白」成立。メランヒトン死。
六一	五二	「ダニエル書講義」	「ベルギー信仰告白」成立。
六二	五三	フランスプロテスタントの戦いを支援。	ド=ベーズ「詩篇歌」第六版、ジュネーブ刊。 「詩篇歌」一五〇篇完成。
六三	五四	「モーセ五書注解」 「エレミヤ書および哀歌講義」	「ハイデルベルク信仰問答」成立。
六四	五五	死亡（五月二七日）	ドイツ皇帝マクシミリアン二世即位。

六五		「**ヨシュア記注解**」死後出版	ファレル死。

おもな参考文献

日本語に訳されているカルヴァンの著作

「新約聖書註解」一四巻

「キリスト教綱要」全四巻七分冊　渡辺信夫訳

「神学論文集」一巻　赤木善光訳

「説教集」二巻……刊行予定

「旧約聖書註解」三巻（創世記・詩篇・イザヤ書）……刊行予定

以上はカルヴァン著作集刊行会　新教出版社

「カルヴァン篇」（キリスト教古典双書）　新教出版社

（前記「神学論文集」と重複しない論文を収める）

「信仰の手引」　渡辺信夫訳　新教出版社　一九五六年

「ジュネーブ教会信仰問答」　外山八郎訳　新教出版社　一九六三年

「ルネッサンス集」（世界文学全集）　筑摩書房

（カルヴァンの小品が収められている）

＊なお、「綱要」その他の抜粋が数種ある。

伝記

「カルヴィンの生涯」　ベザ（ド＝ベーズ著）　田中剛二・得永新太郎訳　活水社書店　一九五〇年

（最も基本的なものである）

「ただ神の栄光のために」　シュティッケルベルガー著　中沢宣夫訳　新教出版社　一九五六年

（情熱的にカルヴァンの生涯を描いた逸品）

「ジャン＝カルヴァン」　ベノア著　森井　真訳　日本基督教団出版部　一九五五年

（専門家の手になるすぐれた伝記の一つで、カルヴァンの人物と思想の概要が収められている）

「カルヴィン」　小平尚道著　日本基督教団出版部　一九六三年

（生涯と思想の二部分からなっている）

「カルヴァン」　森井　真著　牧　書店　一九六四年

（伝記の中に思想解説を織りこんだユニークな書。題材をよくこなしており、ヒューマニズムとの関連がとくによく描かれている）

「宗教改革者カルヴァン」　渡辺信夫著
新教出版社　一九六二年
（年少の人々のために書かれ、とくに信仰に重点をおいている）

思想に関するもの

「カルヴァンの神学」　ニーゼル著　渡辺信夫訳
新教出版社　一九六〇年
（最も標準的である）
「カルヴァンの人間論」　トーランス著　泉田栄訳
教文館　一九五七年
（ニーゼルとほぼ同じ立場から「人間論」だけを考察したもの）

倫理・社会思想に関するもの

「男と女――カルヴァンの倫理による――」
ビエレール著　田辺　保訳　新教出版社　一九六四年
「人間と社会――カルヴァンの倫理による――」
ビエレール著　倉塚　平訳　新教出版社　一九六四年
（この二書は最近のすぐれた研究の成果である）

さくいん

【人　名】

【地名・事項・書名】

—完—

カルヴァン■人と思想10　　定価はカバーに表示

1968年4月10日　第1刷発行©
2016年6月25日　新装版第1刷発行©
2019年10月7日　新装版第2刷発行

・著者 ………………………… 渡辺《わたなべ》　信夫《のぶお》
・発行者 ………………………… 野村久一郎
・印刷所 ………………………… 広研印刷株式会社
・発行所 ………………………… 株式会社　清水書院

〒102-0072　東京都千代田区飯田橋3-11-6
Tel・03(5213)7151～7
振替口座・00130-3-5283
http://www.shimizushoin.co.jp

検印省略
落丁本・乱丁本は
おとりかえします。

Century Books

Printed in Japan
ISBN978-4-389-42010-9